**Axel Honneth
y la lucha por el reconocimiento**

Axel Honneth
y la lucha por el reconocimiento

César Ortega Esquembre

MINIMA TROTTA

Esta publicación ha sido realizada con el apoyo financiero
de la Generalitat Valenciana. El contenido de dicha publicación
es responsabilidad exclusiva de la Universidad de Alicante
y no refleja necesariamente la opinión de la Generalitat Valenciana.
Esta obra se integra en el conjunto de actividades de la Cátedra Paz
y Justicia de la Universidad de Alicante.

UNIVERSITAT D'ALACANT
UNIVERSIDAD DE ALICANTE
Vicerrectorado de Relaciones Internacionales y Cooperación para el Desarrollo
Vicerectorat de Relacions Internacionals i Cooperació per al Desenvolupament

MINIMA TROTTA
Serie Pensar la Justicia cosmopolita /
Dirigida por Manuel Menéndez Alzamora

ISBN: 978-84-1364-355-7
depósito legal: M-25914-2025

impresión
Gráficas Cofás

MIXTO
Papel procedente de
fuentes responsables
FSC
www.fsc.org
FSC® C004370

A mis padres, Miguel Ortega y Teresa Esquembre, con la esperanza de aproximarme alguna vez a su generosidad, su sabiduría y su sensibilidad moral.

CONTENIDO

9

INTRODUCCIÓN

La historia de la recepción de un autor o una tradición de pensamiento en un determinado contexto social y académico depende de factores diversos y, a menudo, complejos. Si el autor o la tradición de pensamiento en cuestión proceden de una región lingüísticamente diferente, entonces la cantidad y calidad de las traducciones disponibles constituye desde luego el principal de estos factores. Pero este no es, ni mucho menos, el único factor. Otros elementos relevantes tienen que ver con el contexto intelectual del lugar de recepción, la coyuntura político-social específica de cada momento, las condiciones económicas que subyacen a las bases materiales de la producción cultural o las políticas editoriales. Todos estos factores, sumados, como es natural, al propio interés intrínseco de la propuesta teórica, condicionan en medida no pequeña el alcance de la recepción de dicho autor o tradición de pensamiento. Tal vez esta pequeña constatación, que conformaría el objeto de estudio de una sociología de la filosofía de la que, por lo demás, mis limitadas capacidades me impiden ocuparme[1], contri-

1. Para este tipo de enfoque en términos de sociología de la filosofía, véase R. Collins, *Sociología de las filosofías: una teoría global del cambio intelectual*, Hacer, Barcelona, 2009.

buya a explicar el todavía deficitario estado actual de la recepción en nuestro país de un filósofo y teórico social cuya impronta en otros entornos ha sido inmensamente mayor. Me refiero, naturalmente, al autor que constituye el objeto del presente libro: Axel Honneth.

Si echamos un vistazo a los numerosos y valiosos estudios sobre la recepción en España de la teoría crítica de la sociedad, la tradición de pensamiento a la que pertenece Honneth, podemos corroborar sin muchas dificultades esta presencia todavía relativamente escasa, pero sin duda también sorprendente[2]. La teoría crítica, que había surgido en Frankfurt a comienzos de los años treinta, sólo hace aparición en la academia española a principios de los años sesenta, con las primeras traducciones, elaboradas entre otros por Manuel Sacristán, de algunos textos importantes de sus autores fundadores: Theodor W. Adorno, Max Horkheimer o Herbert Marcuse. Estas traducciones fueron de la mano de la aparición, a lo largo de los años setenta y ochenta, de varias monografías sobre estos autores[3], y significativamente también sobre la figura que a mediados de los años setenta se había convertido ya en el joven representante de la teoría crítica: Jürgen Habermas[4]. Las últimas décadas han estado mar-

---

2. Véanse, por ejemplo, las siguientes: J. M. Romero Cuevas, «La recepción de la Teoría Crítica en España: una lectura en clave política»: *Isegoría* 69 (2023), pp. 1-11; V. Gómez, «La Teoría Crítica en España. Aspectos de una recepción»: *Constelaciones. Revista de Teoría Crítica* 1 (2009); S. Sevilla, «La recepción en España de la Teoría Crítica»: *Δαι´μων. Revista Internacional de Filosofía* 50 (2010), pp. 157-167.

3. Véase, por ejemplo, J. M. Mardones, *Dialéctica y sociedad irracional. La Teoría Crítica de la Sociedad de M. Horkheimer*, Universidad de Deusto, Bilbao, 1979; E. Lamo de Espinosa, *La teoría de la cosificación. De Marx a la Escuela de Fráncfort*, Alianza, Madrid, 1981; A. Cortina, *Crítica y utopía. La escuela de Fráncfort*, Cincel, Madrid, 1985.

4. Véase E. M. Ureña, *La teoría crítica de la sociedad de Habermas*, Tecnos, Madrid, 1978.

cadas, de acuerdo con la rigurosa interpretación ofrecida recientemente por José Manuel Romero Cuevas, por un creciente interés de la academia española en la figura de Habermas hasta mediados de los años noventa, momento en el que este interés empieza a decaer en favor de un resurgir de la obra de Theodor W. Adorno[5].

En lo que hace a nuestro autor, aunque sus contribuciones a la filosofía y la teoría social arrancan ya a finales de los años ochenta, el influjo que su pensamiento ha tenido en España no puede de ninguna manera compararse con el que en su momento tuvo el pensamiento de Habermas, cuya teoría de la acción comunicativa proyecta todavía una sombra muy alargada[6]. Aunque la práctica totalidad de su producción más significativa ha sido traducida al español, hasta la fecha no existe ninguna monografía publicada en España sobre la obra de Honneth[7], si bien sí contamos, naturalmente, con multitud de artículos de investigación, contribuciones en obras colectivas y algunas tesis doctorales[8]. Que esta ausencia de estudios mono-

---

5. Este interés se ve plasmado en monografías como las siguientes: J. A. Zamora, *Th. W. Adorno. Pensar contra la barbarie*, Trotta, Madrid, 2004; V. Vidal, *Esto no tiene sentido. La interpretación materialista del arte*, Publicaciones de la Universidad de Valencia, Valencia, 2021; J. Maiso, *Desde la vida dañada. La actualidad de la teoría crítica de Theodor W. Adorno*, Siglo XXI, Madrid, 2022.

6. Me he ocupado de analizar la proyección de la teoría de la acción comunicativa en C. Ortega-Esquembre, *Habermas ante el siglo XXI*, Tecnos, Madrid, 2021.

7. Precisamente durante el proceso de revisión de este texto ha aparecido la monografía de Sergio Clavero. Véase S. Clavero, *La teoría del reconocimiento de Axel Honneth*, CIS, Madrid, 2024.

8. Véase, por ejemplo, A. Fascioli, *Honneth frente a Habermas: confrontaciones sobre la renovación de la Teoría Crítica*, tesis doctoral, Universidad de Valencia, 2013; C. Ortega-Esquembre, *Habermas ante el siglo XXI*, cit., cap. V; J. L. Moreno Pestaña y J. M. Romero Cuevas (coords.), *Recuperar el socialismo. Un debate con Axel Honneth*, Akal,

gráficos en español resulta incomprensible es algo que puede constatarse simplemente comparando el estado de la recepción en las regiones angloparlantes[9].

Tratando de llenar este vacío, este libro se propone poner en relación la principal aportación teórica de Honneth, la teoría de la lucha por el reconocimiento, con los debates contemporáneos en torno a la llamada justicia global, que constituyen el hilo conductor de la presente serie de monografías, «Pensar la Justicia cosmopolita», dirigida por Manuel Menéndez Alzamora, en el marco de la Cátedra Paz y Justicia de la Universidad de Alicante. Ello se hará a partir de una reconstrucción de las principales contribuciones que Honneth ha hecho al terreno de la filosofía y la teoría social contemporáneas. Resulta del mayor interés analizar, en este sentido, si la teoría de la lucha por el reconocimiento puede ofrecer elementos valiosos para afrontar los problemas que nos plantea hoy la *injusticia* global. A excepción de algunas notables contribuciones[10], las vinculaciones entre la teoría del reconocimiento de Honneth y

Madrid, 2022; B. Herzog, «La teoría del reconocimiento como teoría crítica del capitalismo: propuestas para un programa de investigación»: *Constelaciones* 5 (2013), pp. 311-335.

9.   Véanse, entre otras, las siguientes contribuciones: Ch. Zurn, *Axel Honneth*, Polity, Londres, 2015; J. Christ *et al.* (eds.), *Debating Critical Theory: Engagements with Axel Honneth*, Rowman & Littlefield, Londres, 2020; B. van den Brink y D. Owen (eds.), *Recognition and Power: Axel Honneth and the Tradition of Critical Social Theory*, Cambridge University Press, Nueva York, 2007; D. Petherbridge (ed.). *Axel Honneth: Critical Essays: With a Reply by Axel Honneth*, Brill, Leiden, 2011.

10.   Entre ellas destacan las siguientes: R. D. Pilapil, «Beyond Redistribution: Honneth, Recognition Theory and Global Justice»: *Critical Horizons* 21/1 (2020), pp. 34-48; S. van Hooft, «Cosmopolitanism, Identity and Recognition»: *The International Journal of the Humanities: Annual Review* 6/6 (2008), pp. 121-128; V. Heins, «Of persons and peoples: Internationalizing the critical theory of recognition»: *Contemporary Political Theory* 9/2 (2010), pp. 149-170; T. Burns y S. Thompson

el discurso sobre la justicia global resultan escasas y poco sistemáticas. Tal vez ello se deba, en medida no pequeña, a las reservas que el propio Honneth ha manifestado siempre a la hora de aplicar su modelo teórico, explícitamente circunscrito al terreno de las sociedades occidentales altamente desarrolladas, al ámbito global.

A fin de dar cuenta de estos dos objetivos complementarios dividiré el trabajo en cinco capítulos. Tras ofrecer una sucinta nota biográfica sobre el autor, que tal vez ayude a ubicar su figura en el contexto de la teoría crítica practicada en Frankfurt, dedicaré el segundo capítulo a estudiar el contexto teórico en el que se mueve la teoría de la lucha por el reconocimiento, sacando a relucir algunos de los principales debates en los que el autor viene participando desde finales de los años ochenta. Sobre la base de esta contextualización biográfica y teórica, en el tercer capítulo explicaré los elementos centrales de la teoría de la lucha por el reconocimiento, sistematizada por Honneth en su libro de 1992 *La lucha por el reconocimiento*. En el cuarto capítulo ofreceré una reconstrucción de algunas de las principales aportaciones teóricas que el autor ha hecho a la teoría social y la filosofía durante las últimas dos décadas, poniendo el foco en el problema de las patologías sociales, la disputa entre reconocimiento y redistribución, la noción de libertad social, la idea del socialismo y la reciente investigación sobre el mercado de trabajo. Contando con esta reconstrucción general de su pensamiento, en el quinto y último capítulo procederé a mostrar los límites y las virtualidades de la teoría del reconocimiento para integrar el discurso contemporáneo sobre la justicia global.

(eds.), *Global Justice and the Politics of recognition*, Palgrave Macmillan, Londres, 2013.

15

BREVE APUNTE BIOGRÁFICO

En los estudios especializados sobre teoría crítica no existe un consenso sobre la extensión de este término. Algunos autores identifican las etiquetas «teoría crítica» y «Escuela de Frankfurt», entendiendo que la teoría crítica de la sociedad es una tradición de pensamiento rigurosamente circunscrita a las tareas practicadas por el llamado Instituto de Investigación Social fundado en Frankfurt en 1923 por figuras como Felix Weil, Max Horkheimer o Friedrich Pollock. Para estos intérpretes, la teoría crítica de la Escuela de Frankfurt, tal es el término compuesto que utilizan, aparece como una sucesión de diferentes «generaciones» de autores, todos los cuales mantienen de forma más o menos explícita los métodos y objetivos programáticamente presentados por Max Horkheimer en su artículo de 1937 «Teoría tradicional y teoría crítica». Otros estudiosos de esta tradición, sin embargo, afirman que por «Escuela de Frankfurt» ha de entenderse únicamente el grupo de autores que los anteriores denominan «primera generación», es decir, aquellos que conformaron originariamente el Instituto de Investigación Social. La categoría resultaría, de hecho, inexacta incluso para referir a este primer grupo, pues lo cierto es que sus principales representantes —Max Horkheimer, Theodor W. Adorno, Herbert Marcuse, Friedrich Pollock o Leo Löwenthal— tuvieron que exiliarse a los Estados Unidos ya en 1933, retornando a Frankfurt —los que retornaron— solamente a comienzos de los años cincuenta. Proponen, en este sentido, no tomarse demasiado en serio la idea de una «escuela» de pensamiento, y referirse a estos autores más bien como teóricos críticos de la sociedad. En tercer lugar, existe una interpretación, hoy día muy presente en los estudios especializados, que considera que la categoría de «teoría crítica» de ninguna manera debe limitarse al tipo de crítica de la sociedad practicada por aquellos que tienen o históricamente han tenido algún tipo de vinculación institucional o biográfica con el Instituto de Investigación Social de Frankfurt. De acuerdo con esta interpretación, la teoría crítica, entendida ahora en un sentido mucho más amplio, ha de incluir a otros pensadores procedentes de tradiciones filosóficas diferentes, tales como el posestructuralismo francés, el feminismo radical o el pensamiento de- y poscolonial.

Los debates sobre etiquetas suelen ser, sin embargo, demasiado poco productivos como para tomárselos excesivamente en serio. Las etiquetas sobre tradiciones de pensamiento —Escuela de Frankfurt, Círculo de Viena, marxismo analítico, pensamiento decolonial— sirven para apresar de forma más o menos clara un conjunto de posicionamientos teóricos que, en principio, guardan ciertas relaciones entre sí que no guardan con otras tradiciones de pensamiento diferentes. En este sentido, aunque considero que la teoría crítica no puede hoy en ningún caso quedar circunscrita a las publicaciones que emanan de los profesores asociados al actual Instituto de Investigación Social de Frankfurt, lo cual sería sencillamente ridículo, creo que resulta al menos operati-

18

vo entender que ha existido algo así como una teoría crítica de la sociedad practicada en el contexto de este instituto de investigación, y que a la constelación de autores que ha practicado esta forma de crítica social puede denominársele, sin violentar demasiado las cosas, «Escuela de Frankfurt». Esta teoría crítica ha operado, a través de una suerte de permanente revisión de lo dicho por los autores precedentes, mediante una serie de generaciones de autores enfrentados a situaciones históricas concretas, por mucho que algunas de estas revisiones sean de naturaleza tan profunda que apenas puedan detectarse ya en sus propuestas similitudes con los diagnósticos y la metodología de los autores fundadores de la Escuela de Frankfurt[1].

Si partimos de esta comprensión, laxa pero acaso analíticamente funcional, de la etiqueta «teoría crítica de la Escuela de Frankfurt», entonces podemos afirmar, como tradicionalmente se ha afirmado, que Axel Honneth constituye el principal representante de su *tercera* generación. Mientras que la *primera* generación estaría compuesta, como es natural, por Max Horkheimer y sus colaboradores del Instituto de Investigación Social entre los años treinta y sesenta, la *segunda generación* estaría liderada por la figura de Jürgen Habermas. Actualmente se habla ya de una *cuarta* generación de autores que, habiéndose formado al calor de la teoría de la acción comunicativa de Habermas y de la teoría del reconocimiento de Honneth, proponen revitalizar la teoría crítica bajo conceptos diferentes. Entre esta joven generación suelen incluirse nombres como los de Rahel Jaeggi, Hartmut Rosa o Rainer Forst.

1. J. M. Romero Cuevas, «¿Malos tiempos para la Teoría crítica?»: *Fragmentos de Filosofía* 21 (2024), pp. 8-19.

Decir de Honneth que es el máximo representante de la tercera generación de la teoría crítica de la Escuela de Frankfurt es, en realidad, decir bastante poco si lo que pretendemos es ofrecer unas breves notas sobre su biografía. Hijo de Horst Honneth y Annemarie Honneth, Axel Honneth nació el 18 de julio de 1949 en Essen, en la parte minera de Renania del Norte-Westfalia[2]. Su adolescencia y juventud estuvieron marcadas, en este sentido, por la irrupción de un nuevo fermento cultural y político al amparo del movimiento estudiantil. Socializado en el ambiente de la nueva izquierda y el activismo social, entre 1969 y 1974 estudió Filosofía, Sociología y Germanística en Bonn y Bochum, donde obtuvo el grado de máster en 1974. Entre 1977 y 1982, coincidiendo con el giro neoliberal en algunas de las principales administraciones políticas del mundo —representado en la República Federal Alemana por la victoria del democristiano Helmut Kohl—, Honneth fue asistente de investigación en la Universidad Libre de Berlín, donde se doctoró en 1983 bajo la dirección de Urs Jaeggi. Su tesis doctoral ha resultado del mayor interés en la historia de la teoría crítica, pues fue pionera a la hora de introducir a Michel Foucault y su teoría del poder como un episodio relevante en los estadios de la teoría crítica anterior, junto a los planteamientos de Horkheimer y Adorno. Dos años más tarde, en 1985, Honneth añadió tres capítulos adicionales a este texto, dedicados a analizar la teoría de la sociedad de Jürgen Habermas. También este dato resulta del mayor interés para comprender la historia de la teoría crítica. Entre 1982 y 1983, Honneth había realizado una estancia de investigación

---

2.   Para estos pequeños apuntes biográficos, véase J.-Ph. Deranty, «Honneth, Axel (1949-)», en *Bloomsbury Encyclopedia of Philosophers*, 2019; Ch. Zurn, *Axel Honneth*, cit., pp. 2-4.

en el Instituto Max Planck bajo la supervisión de Habermas, que era de hecho el director de dicha institución desde 1971 y lo fue hasta su regreso a la Goethe Universität de Frankfurt en 1983. Esta estancia sirvió sin duda a Honneth para familiarizarse con la entonces recién publicada *Teoría de la acción comunicativa*, lo que le decidió a publicar en 1985 la versión extendida de su tesis doctoral, que incluía los tres capítulos dedicados a Habermas. Al margen de un temprano trabajo publicado conjuntamente con Hans Joas bajo el título *Soziales Handeln und menschliche Natur* (*Acción social y naturaleza humana*), este material constituye su primer libro, y fue publicado por la editorial Suhrkamp en 1985 bajo el título de *Kritik der Macht* (*Crítica del poder*). La impronta que la obra de Habermas tuvo en Honneth fue muy alta, al margen de las afiladas y absolutamente determinantes críticas formuladas contra él en los últimos capítulos del libro. Tan es así que, tras la finalización de su doctorado en 1983, coincidiendo con el fin de la dirección de Habermas en el Instituto Max Planck, Honneth se trasladó junto a él a Frankfurt, convirtiéndose en su asistente en la Goethe Universität.

A diferencia de lo que ocurre en España, en el mundo académico alemán el doctorado no constituye la máxima cualificación académica. El acceso a un puesto docente e investigador de elevando rango exige la preparación de lo que se conoce como *Habilitationsschrift* o «escrito de habilitación», un trabajo científico de alto alcance y originalidad. Honneth finalizó su *Habilitationsschrift* en 1990, y fue publicada en versión ampliada en 1992 bajo el título de *Kampf um Anerkennung* (*La lucha por el reconocimiento*). La importancia de esta publicación en la historia de la teoría crítica es equiparable, a mi juicio, a textos como *Dialéctica de la Ilustración* de Adorno y Horkheimer (1944) o *Teo-*

ría de la acción comunicativa de Habermas (1981). La obra constituye sin ninguna duda un nuevo cambio de paradigma dentro de los estudios sobre teoría crítica, que en adelante será conocido como «paradigma del reconocimiento».

Aunque entre 1991 y 1996 Honneth ocupó puestos académicos en diferentes instituciones de Berlín y Constanza, en 1996 regresó a Frankfurt para ocupar la Cátedra de Filosofía Social liberada por Habermas. La historia de esta cátedra resulta también interesante. A comienzos de los años cincuenta Max Horkheimer y Theodor W. Adorno regresaron del exilio estadounidense y se adscribieron nuevamente a la Universidad de Frankfurt. Horkheimer recuperó su cátedra de Filosofía social, de la que había sido despojado en 1933 tras la llegada al poder del partido nacionalsocialista. Al mismo tiempo, en 1953, se le concedió a Adorno una cátedra asignada a la Facultad de Filosofía y al Instituto de Investigación Social, que ocuparía hasta su muerte en 1969. La Cátedra de Filosofía Social de Horkheimer fue ocupada por Habermas entre 1964 y 1971. Cuando Habermas fue nombrado director del Instituto Max Planck, esta cátedra fue tomada por Alfred Schmidt, el antiguo ayudante de Adorno, hasta el año 2001, quien además ostentaba el cargo de director del Instituto de Investigación Social. A su retorno a Frankfurt en 1983, Habermas tomó la antigua cátedra de Adorno, que en ese momento había dejado vacante Rüdiger Bubner. Tras su jubilación en 1995, fue Honneth quien tomó esta cátedra, asumiendo también desde el año 2001 el puesto de director del Instituto de Investigación Social. Honneth ha desempeñado este puesto, prosiguiendo la tarea emprendida antes que él por figuras como Max Horkheimer, Theodor W. Adorno o Friedrich Pollock, hasta el año 2018, cuando se trasladó a Nueva York para ocupar un puesto como profesor Jack. C. Weinstein de Humanidades en la Columbia University.

La magnitud de esta carrera académica puede observarse echando un vistazo a la enorme cantidad de contribuciones de Honneth a los ámbitos de la filosofía social, la teoría moral, la filosofía política o la sociología, a la ingente producción de bibliografía especializada dedicada a estudiar su modelo de teoría crítica o a los importantes premios recibidos —entre ellos el Premio Ernst Bloch, que le fue concedido en el año 2015—. No obstante, puede también observarse estudiando con algo de detalle la competencia y agudeza analítica con la que Honneth se ha ido posicionando desde finales de los años ochenta frente a algunas de las principales corrientes del pensamiento filosófico y social contemporáneo. A ello me gustaría dedicar el próximo capítulo.

LA CONFORMACIÓN DE UN PENSAMIENTO EN DISCUSIÓN CON LA FILOSOFÍA CONTEMPORÁNEA

Antes de adentrarme, en los siguientes dos capítulos, en la exposición del propio pensamiento de Honneth, que se articula fundamentalmente en torno a las categorías de «lucha por el reconocimiento» y «libertad social», me gustaría dedicar todavía un capítulo a reconstruir el proceso de conformación de este pensamiento ofreciendo una contextualización de tipo teórico. Quisiera en este sentido bosquejar la forma en que Honneth se ha confrontado con algunas de las principales tradiciones de pensamiento de la filosofía y la teoría social contemporánea. Aunque, tal y como he tratado de mostrar más arriba, considero que Honneth ha de ser incluido dentro de la tradición de la teoría crítica de la sociedad, dejaré para más adelante el análisis de sus discusiones con algunos de sus principales representantes —Adorno, Horkheimer, Habermas o Fraser—. Antes de ello quisiera exponer algunos debates mantenidos con importantes representantes del posestructuralismo francés, la ética posmoderna y el comunitarismo.

Contrariamente a la tendencia vigente durante los años ochenta, cuando la teoría crítica de la sociedad estaba contundentemente dominada en Alemania por Jürgen Habermas, en su escrito doctoral de 1983, publicado en 1985 bajo el título de *Crítica del poder*, Honneth decidió incluir un estudio sustancial sobre la obra de Michel Foucault, a la que consideró un episodio central de la propia teoría crítica[1]. Los tres capítulos dedicados a Foucault en esta obra constituyen el mejor lugar para comprender su temprana recepción del autor, una recepción que, al margen de algunos pequeños estudios posteriores, fue perdiendo peso con el devenir de los años.

El primero de estos capítulos está dedicado a analizar críticamente la aproximación semiológica a la historia del saber emprendida por el Foucault de *Las palabras y las cosas* y *Arqueología del saber*. Como es sabido, durante los años sesenta del pasado siglo Foucault transitó el camino de una crítica posestructuralista de la filosofía moderna del sujeto. En su metacrítica a Foucault, Honneth trata de mostrar en qué sentido este ejercicio, desde luego necesario en las condiciones de un pensamiento posmetafísico, erró sin embargo el objeto de la crítica. En lugar de poner en duda el carácter monológico del sujeto moderno, es decir, sus presuntas facultades singulares para constituir o fundamentar el mundo objetivo, Foucault trató de minar la noción misma de sujeto. Frente a la pretensión moderna de hacer del

---

1. El propio Habermas se ocupó, ciertamente con menos detalle, de la obra de Foucault en algunas publicaciones importantes. Véase, por ejemplo, J. Habermas, *El discurso filosófico de la modernidad*, Taurus, Madrid, 1989, caps. IX y X.

sujeto la condición trascendental de posibilidad para la aprehensión del mundo, Foucault hace valer ahora un sistema de signos no intencional, depurando de esta forma la realidad —incluida la realidad social— de cualquier presunción de sentido. En la medida en que el mundo social alienante no es ya un contexto elaborado intencionalmente, su crítica del mismo ya no puede practicarse bajo la forma de un distanciamiento autocrítico de las propias convicciones y formas de racionalidad amparado en una forma más completa de razón. Foucault se ve así conducido, tal es la lectura de Honneth, a proseguir su análisis del saber por las vías de un análisis del discurso como medio inmediatamente encaminado a la dominación[2].

Esta es, de hecho, la tarea que Foucault emprende desde comienzos de los años setenta. En *El orden del discurso*, por ejemplo, se investigan las estrategias institucionales y epistemológicas puestas en juego por la sociedad moderna a fin de perpetuar formas estructurales de dominación y exclusión[3]. Justamente al contrario de lo que por la misma época hará Habermas, quien considerará el discurso como un medio reflexivamente superior de la acción comunicativa a través del cual los agentes de un común mundo de la vida pueden ponerse de acuerdo a propósito de situaciones devenidas problemáticas, Foucault entiende los sistemas normativos, ya sean morales o jurídicos, como meros fraudes destinados a estabilizar el orden del discurso hegemónico. Nuevamente, Honneth considera que esta forma de proceder, inicialmente correcta en la medida en que hace de la lucha social un elemento central de la teoría

2. A. Honneth, *Crítica del poder*, Antonio Machado, Madrid, 2009, pp. 225-227.
3. M. Foucault, *El orden del discurso*, Austral, Barcelona, 2022.

del poder, se excede en su pretensión crítica. A diferencia de lo que cree Foucault, la realidad social no puede ser entendida únicamente en los términos de una lucha social de naturaleza estratégica, pues «cualquier estabilización social de una posición de poder presupone ya la interrupción de la lucha bajo la forma de un acuerdo normativamente motivado o de un compromiso de orientación final pragmática»[4]. Naturalmente, Honneth está aquí haciendo valer los réditos de la teoría de la acción comunicativa frente a la teoría posestructuralista del poder. Como en el caso de sus análisis sobre la forma de saber moderna, Foucault se ve conducido, en la interpretación crítica que ofrece Honneth, a captar el orden social moderno y sus instituciones típicas únicamente haciendo referencia a la existencia de aparatos o tecnologías de poder encaminados al disciplinamiento y la dominación.

Esta teoría de la sociedad, entendida como teoría del poder, es desarrollada por Foucault, de forma consecuente, durante los años setenta, sobre todo en *Vigilar y castigar* e *Historia de la sexualidad*. De acuerdo con la interpretación de Honneth, esta deriva conduce extrañamente a Foucault a una especie de teoría de sistemas radicalmente pesimista. De acuerdo con la teoría del poder-saber, impresionantemente elaborada en *Vigilar y castigar* a través de un estudio genealógico de las técnicas de castigo y las instituciones penitenciarias, la producción de conocimiento «acompaña en principio el ejercicio de la dominación social sobre los otros sujetos»[5], de suerte que la historia aparece comprendida bajo el modelo de una progresiva instauración de sistemas de dominación social o «aparatos disciplina-

---

4. A. Honneth, *Crítica del poder*, cit., p. 264.
5. *Ibid.*, p. 269.

rios»[6]. Es esta comprensión de la sociedad y la historia la que lleva a Foucault, de acuerdo con esta interpretación, a comprometerse con los postulados de la teoría de sistemas y el funcionalismo. Bajo estos postulados, que entienden la evolución social exclusivamente como un proceso de incremento del poder social que se desarrolla «según la lógica de periódicas adaptaciones al entorno», Foucault tiene que abandonar precisamente la dimensión de la lucha social que antes había ocupado un lugar protagonista, y que, como aún veremos, Honneth recuperará a comienzos de los años noventa como elemento estructural de su teoría del reconocimiento. A Honneth no puede sino resultarle decepcionante una comprensión de la integración social y la socialización que, como la de Foucault, se mueve únicamente en el marco de instituciones totales destinadas al disciplinamiento. Los individuos de la sociedad moderna son comprendidos en este sentido como meros sujetos de manipulación, y en concreto de manipulación de tipo corporal. Semejante interpretación conecta a su vez a Foucault con la teoría de la dominación y la administración total hecha valer por Adorno en sus obras posteriores a *Dialéctica de la Ilustración*.

Honneth dedica de hecho un artículo de 1990 a comparar las críticas a la modernidad emprendidas por Adorno y Foucault[7]. Como Adorno, Foucault interpreta el proceso de racionalización moderna como una suerte de instauración implacable de formas de dominio social. Si Adorno entiende estas formas de dominio al modo de «actividades de planificación y manipulación

6. M. Foucault, *Vigilar y castigar*, Siglo XXI, Madrid, 2013.
7. Véase A. Honneth, «Foucault y Adorno. Dos formas de una crítica a la modernidad», en Íd., *Crítica del agravio moral*, FCE, Buenos Aires, 2009, pp. 125-149.

propias de una administración centralizada», Foucault las comprende como procesos de control disciplinario que llevan a cabo instituciones como la escuela, la prisión o la fábrica. Ambos autores, y esta es la crítica de Honneth, «ignoran el hecho de que en los casos normales los grupos sociales apoyan o toleran los procesos que mantienen las relaciones de poder social a través de convicciones normativas u orientaciones culturales»[8]. Aunque, como aún veremos, las diferencias entre ambos autores son para Honneth muy evidentes, ninguno de los dos modelos logra ofrecer los conceptos adecuados para analizar cómo transcurren de hecho los procesos de integración social y socialización en las sociedades del capitalismo avanzado. En el caso de Foucault, el desenmascaramiento genealógico, de inspiración naturalmente nietzscheana, de las técnicas disciplinarias surgidas en la modernidad opera sobre todo con la mirada puesta en la violencia ejercida sobre el cuerpo.

En el libro de 1994 *Desintegration. Bruchstücke einer soziologischen Zeitdiagnose* [*Desintegración. Fragmentos de un diagnóstico sociológico de la época*], Honneth dedica un pequeño capítulo a estudiar estos diagnósticos foucaultianos sobre el disciplinamiento del cuerpo. Bajo el nombre de una «microfísica del poder», la teoría del poder foucaultiana se propone estudiar todos aquellos procesos cotidianos de disciplinamiento que, desarrollados por instituciones de tipo escolar o penitenciario, logran conformar la conducta corporal de los individuos, influyendo en este sentido fatalmente en los procesos de individuación humana. Los saberes empíricos ganados con el proceso moderno de racionalización cultural son puestos sistemáticamente a disposición de la elaboración de nuevas técnicas de

8. A. Honneth, *Crítica del poder*, cit., p. 298.

dominación, que tienen por finalidad última ajustar el comportamiento corporal a un esquema normalizado de acuerdo con reglas estrictas[9]. Honneth encuentra «irritante» y «reduccionista» esta consideración sobre el cuerpo humano, que es visto únicamente «como un objeto inerme de configuración a partir de influencias exteriores, y nunca como caja de resonancia autónoma de percepciones psíquicas y de vivencias propias»[10]. Este tipo de errores categoriales, esta comprensión unilateral del cuerpo humano, se deben entender, a juicio de Honneth como derivaciones del enfoque y las ideas del estructuralismo. Igual que el sujeto es entendido por el estructuralismo como una ficción producida por el lenguaje, el posestructuralismo foucaultiano termina por comprenderlo como un mero producto de los procesos de disciplinamiento.

Como podemos ver, Honneth encuentra insuficientes las categorías ofrecidas por Foucault a la hora de analizar los procesos de integración social y socialización tardomodernos. Por eso sus tempranas discusiones con el posestructuralismo ofrecen, a mi modo de ver, un excelente lugar desde el que entender el punto de partida de la teoría del reconocimiento. Ya en 1983, es decir, casi diez años antes de la publicación de *Kampf um Annerkenung* (*La lucha por el reconocimiento*), Honneth anticipa el lugar exacto en que a su juicio debe moverse en adelante la teoría social crítica: los procesos de interacción social intersubjetiva. Tal y como afirma Christopher Zurn en su estudio monográfico sobre Honneth, a la hora de evaluar la influencia que el posestructuralismo, y particularmente los desarrollos teó-

---

9. A. Honneth, *Desintegration. Bruchstücke einer soziologischen Zeitdiagnose*, Fischer, Fráncfort d. M., 1994, cap. 6.
10. *Ibid.*

ricos de Foucault, tuvo en el pensamiento de Honneth conviene ser prudente. Por una parte, es evidente que en muchas ocasiones existe una simpatía hacia los análisis sociales concretos ofrecidos por esta tradición, sobre todo hacia aquellos que tienen que ver con el carácter conflictivo de las relaciones intersubjetivas, con la fragilidad de la subjetividad y la autonomía y, como veremos en la siguiente sección, con la importancia ética de lo particular frente a lo universal. Por la otra, sin embargo, Honneth nunca ha asumido las consecuencias relativistas que se derivan de estos pensamientos, así como tampoco sus contundentes rechazos de la razón, la verdad y el progreso moral. Situándose en este sentido más cerca de la tradición que va de Kant a Habermas pasando por Hegel y Marx que de la tradición que va de Nietzsche a Foucault, Honneth reivindicará explícitamente el carácter emancipador de los ideales modernos[11].

II. AXEL HONNETH Y LA ÉTICA POSMODERNA

Los diagnósticos de la posmodernidad han constituido siempre para Honneth un lugar interesante con el que confrontar su propio pensamiento. En el libro de 1994 *Desintegración*, el autor dedica un pequeño estudio a estos diagnósticos. Ciertamente, su punto de partida resulta crítico: la capacidad del pensamiento posmoderno para articular un diagnóstico de la época es sumamente vaga. Bajo el sugerente rótulo de un «fin de los metarrelatos», Lyotard trata de apresar el proceso de liquidación de las identidades y estructuras normativas de integración social en las sociedades capitalistas altamen-

11. Ch. Zurn, *Axel Honneth*, cit., pp. 17 y 18.

te desarrolladas[12]. Esta constatación, que estaba ya en parte contenida en los diagnósticos sobre la disolución del individuo y la industria cultural emprendidos por Adorno y Horkheimer en *Dialéctica de la Ilustración*, es valorada por el pensamiento posmoderno de forma muy diferente a como lo hizo la teoría crítica: «en oposición a la *Dialéctica de la Ilustración*, las teorías sociales posmodernas hacen una interpretación positiva, y a menudo incluso afirmativa, del cruce que constatan entre erosión cultural y pérdida individual de autenticidad»[13]. La disolución de lo social y los vínculos identitarios son aquí saludados como la ocasión idónea para introducir un «concepto estético de libertad individual», de procedencia nietzscheana, que permite un despliegue libre de las peculiaridades y diferencias individuales. El sujeto es ahora tanto más libre cuanto, en su acto de «autocreación experimental», logra sustraerse a aquellos horizontes culturales en los que Hegel había visto precisamente el único espacio posible para la realización de la libertad: la eticidad (*Sittlichkeit*). La situación actual de desintegración de lo social, que la tradición hegeliana sólo podía entender en términos negativos, es saludada positivamente por el pensamiento posmoderno, pues lo social no constituye para este pensamiento sino «una traba para la fuerza individualizadora de la autoinvención estética».

Si, frente al pensamiento posmoderno, uno asume la tesis hegeliana de la individuación por socialización, es decir, la convicción de que los procesos de constitución de la identidad corren paralelamente a procesos de socialización articulados por la vía de un recono-

12. J. F. Lyotard, *La condición postmoderna*, Cátedra, Madrid, 2006.
13. A. Honneth, *Desintegration*, cit., cap. I.

cimiento recíproco, entonces la valoración del proceso de desintegración de lo social cambia de signo. Esta es, de hecho, la opción seguida por Honneth. La posición posmoderna es así entendida por Honneth como la valoración incorrecta de una tesis correctamente formulada: el fin de los metarrelatos conlleva efectivamente una desaparición de las orientaciones axiológicas tradicionales, y la inexistencia de sustitutos conduce a los sujetos a asumir irreflexivamente «estilos de vida prefabricados por la industria cultural». Este hecho, saludado por el pensamiento posmoderno, es observado sin embargo por Honneth, siguiendo la estela de la teoría crítica, como un rasgo patológico de la sociedad tardomoderna.

Es en este marco de discusión donde resultan de interés las consideraciones posmodernas de naturaleza ética, y en particular la forma en que Honneth cree poder apropiárselas críticamente para complementar el proyecto moral moderno iniciado con la filosofía práctica kantiana y culminado en la ética del discurso de Apel y Habermas. En un importante artículo titulado «Lo otro de la justicia. Habermas y el desafío ético del posmodernismo», incluido en el libro del año 2000 *Das andere der Gerechtigkeit* (*Lo otro de la justicia*), Honneth se esfuerza por analizar y extraer el valor de verdad de algunas versiones de la ética posmoderna[14]. El núcleo de todas estas versiones, como reconoce el propio Honneth muy al comienzo de su texto, es siempre la protección de la particularidad de la persona concreta. Honneth estudia tres versiones de la ética posmoderna: aquella que encuentra el momento amenazado de lo particular en la singularidad de un juego de lengua-

14. A. Honneth, «Lo otro de la justicia. Habermas y el desafío ético del posmodernismo», en Íd., *Crítica del agravio moral*, cit., pp. 151-195.

je, y que reivindica como terapia una forma extendida de igualdad en el trato social (Lyotard); aquella que lo encuentra en la insuperable diferencia de todas las personas, y que reivindica la intensificación de la sensibilidad ética (Stephen K. White); y aquella que lo encuentra en la condición constitutiva del ser humano como ser necesitado de ayuda, y que revindica en consecuencia una obligación asimétrica de cuidado y asistencia entre las personas (Lévinas, Derrida).

Especialmente interesante resulta a mi modo de ver estudiar la tercera versión, pues a juicio de Honneth ella constituye el auténtico desafío a la perspectiva de justicia universalista hecha valer por la ética discursiva en su reformulación intersubjetiva del kantismo. Frente a las dos versiones anteriores, que según Honneth pueden ser articuladas mejor en términos de una ampliación inmanente de la ética del discurso, en tanto ambas presuponen la idea típicamente habermasiana según la cual «a todo sujeto en su individualidad le debe corresponder la oportunidad de articular sus pretensiones sin ser forzado»[15], las aportaciones que Derrida realiza a la ética apoyándose en Lévinas «rompen el marco teórico arriba descrito al intentar oponer un segundo punto de vista de lo moral a la perspectiva kantiana del trato igual». Este segundo punto de vista es, naturalmente, el del trato asimétrico basado en la categoría del «cuidado»[16]. Lévinas y Derrida reivindican la necesidad de tener en cuenta la peculiaridad del individuo

---

15. *Ibid.*, p. 175.

16. Las críticas a los modelos éticos de inspiración kantiana en términos de una «ética del cuidado» y de una reivindicación del otro particular encuentran por lo demás un aporte imprescindible en el pensamiento feminista de autoras como Carol Gilligan o Seyla Benhabib. Véase C. Gilligan, *In a different voice: psychological theory and women's development*, Harvard University Press, Cambridge (MA), 2003; S. Benha-

y hacer justicia a la «otredad absoluta», excediendo en este sentido los límites universalistas de la ética kantiana y neokantiana. La tesis de Derrida es que ello sólo es posible «desde una perspectiva moral que se sitúa en una relación de oposición productiva con la idea del trato igual»[17].

Frente a la consideración del otro como un destinatario de obligaciones simétricas, Lévinas y Derrida apuestan por un modelo basado en las relaciones de afecto cariñoso. Este afecto no es despertado por la comprensión del otro como sujeto jurídica y moralmente idéntico a todos los demás, sino precisamente por la visión de su rostro como particular y único: «ante el rostro de otra persona no podemos más que vernos obligados a prestarle ayuda inmediata y a asistirla en la resolución de problemas existenciales»[18]. Ello no significa, naturalmente, que la perspectiva universalista pueda ser sin más periclitada en el modelo ético posmoderno. La tesis de Derrida es que existe más bien una relación de tensión a la vez violenta y productiva entre ambos principios, que podemos resumir en los rótulos de «principio de justicia» y «principio de bondad». En un gesto que recuerda a los debates en torno al patriotismo y el cosmopolitismo mantenidos por la filosofía política contemporánea[19], Derrida hace valer una estrategia que Sissela Bok ha dado en llamar «de las partes al todo». De acuerdo con esta estrategia, que se opone a las reivindicaciones más cosmopolitas de Martha Nussbaum,

bib, *El ser y el otro: feminismo, comunitarismo y posmodernismo*, Gedisa, Barcelona, 2006.

17. A. Honneth, «Lo otro de la justicia. Habermas y el desafío ético del posmodernismo», cit., p. 176.

18. *Ibid.*, 182.

19. Véase, por ejemplo, M. Nussbaum, S. Bok, A. Gutmann y Ch. Taylor, *Los límites del patriotismo*, Paidós, Barcelona, 1999.

únicamente podemos hacernos cargo del sufrimiento de la especie en su conjunto, y en consecuencia también de personas biográficamente alejadas, en la medida en que comencemos con un afecto cariñoso, en ocasiones unilateral y no recíproco, hacia personas individuales cuyo rostro nos interpela directamente.

A partir de estas consideraciones, Honneth puede enfrentarse a la vez afirmativa y negativamente con la ética discursiva de Apel y Habermas. Los principios de asistencia y ayuda puestos sobre la mesa por la ética posmoderna, especialmente por Lévinas y Derrida, constituyen a su modo de ver «un criterio moral que representa un contrapunto necesario a la actitud de justicia»[20]. Ello no significa, y esto resulta de la mayor importancia también para entender la posición que Honneth mantendrá, como veremos a continuación, ante el pensamiento comunitarista, que la beneficencia o la asistencia asimétrica pueda erigirse como el fundamento original de la moral: «aquello que entendemos en las condiciones modernas como el punto de vista moral se explica en primer lugar y sobre todo a partir del principio universalista del trato igual»[21].

III. AXEL HONNETH Y EL COMUNITARISMO

Entre los años ochenta y noventa del pasado siglo tuvo lugar, en el seno de la filosofía moral y política occidental, el famoso debate entre comunitaristas y liberales. Los representantes de ambas tradiciones pugnaron durante más de una década por proclamar la «primacía» de

20.   A. Honneth, «Lo otro de la justicia. Habermas y el desafío ético del posmodernismo», cit., p. 154.
21.   *Ibid.*, p. 192.

lo justo o de lo bueno como principio normativo supremo de la comunidad política. Los comunitaristas, entre ellos Michael Walzer, Charles Taylor, Michael Sandel o Alasdair MacIntyre, dirigieron, de acuerdo con la lúcida reconstrucción ofrecida por Rainer Forst, cuatro niveles conceptuales de crítica hacia los liberales, representados por figuras como John Rawls, Ronald Dworkin o Bruce Ackerman: la crítica a la concepción atomista de la persona, la crítica a la reivindicación de neutralidad de los principios de justicia, la crítica a la insuficiente fuerza de integración de la comunidad política liberal y la crítica a las teorías universalistas de la moral[22]. Aunque la teoría crítica de ese momento, liderada por Habermas, no se posicionaba en ninguno de los polos del debate, se inclinaba hacia una suerte de universalismo kantiano intersubjetivizado desde presupuestos hegeliano-marxistas y pragmatistas[23].

A la hora de comprender el contexto de surgimiento del pensamiento de Axel Honneth resulta del mayor interés observar algunas de sus discusiones con la tradición comunitarista, a la que a mi juicio erróneamente en ocasiones se le ha vinculado. Aunque Honneth, como los autores comunitaristas, se separa claramente de algunos postulados de las teorías liberales de la justicia procedentes de John Rawls, y en este sentido, también como los comunitaristas, se encuentra más cerca de Hegel que de Kant, no hay duda de que su hegelianismo de izquier-

22.   Véase R. Forst, *Kontexte der Gerechtigkeit: Politische Philosophie jenseits von Liberalismus und Kommunitarismus*, Suhrkamp, Fráncfort d. M., 1996.
23.   Véase, por ejemplo, J. Habermas, «Justicia y solidaridad. Acerca del debate sobre el 'nivel 6'», en Íd., *Aclaraciones a la ética del discurso*, Trotta, Madrid, ²2018, pp. 55-82; Íd., «Lawrence Kohlberg y el neoaristotelismo», en *ibid.*, pp. 83-108; A. Wellmer, *Ética y diálogo*, Anthropos, Barcelona, 1996.

das no puede equipararse sin más con algunas de las reivindicaciones tradicionalistas del comunitarismo.

Sea como fuere, Honneth tiene en cuenta esta tradición de pensamiento ya para la preparación de su temprana obra programática, *La lucha por el reconocimiento*. Como aún veremos en el próximo capítulo con mucho más detenimiento, Honneth intenta en esta obra ofrecer una teoría social capaz de interpretar los conflictos o luchas sociales en clave de conflictos morales por el reconocimiento. En semejante intento, Honneth se ve conducido, de forma consecuente, a elaborar un criterio normativo desde el cual medir el grado de satisfacción de las condiciones intersubjetivas de la integridad personal, es decir, de las condiciones necesarias para que las personas puedan construir una identidad no distorsionada a través de relaciones de reconocimiento. A la hora de nombrar dicho criterio, Honneth escoge un término extraordinariamente significativo para ubicar su pensamiento. Habla de un «concepto formal de eticidad»[24]. La idea de «eticidad», que el autor utiliza en este contexto como sinónimo de la idea de «vida buena», lo sitúa inmediatamente, como es natural, en el marco de los programas neohegelianos y neoaristotélicos, cuya vinculación con el pensamiento comunitarista es muy clara en autores como Taylor, MacIntyre o Sandel[25]. Por su parte, el adjetivo «formal» quiere actuar sin duda como una especie de cortapisa kantiana contra los riesgos de particularismo entrañados en la idea de «eticidad».

24. Véase A. Honneth, *La lucha por el reconocimiento*, Crítica, Barcelona, 2007, cap. 9.

25. Véase, por ejemplo, Ch. Taylor, *Fuentes del yo*, Paidós, Barcelona, 1996; A. MacIntyre, *Tras la virtud*, Crítica, Barcelona, 2001; M. Sandel, *El liberalismo y los límites de la justicia*, Gedisa, Barcelona, 2015.

Honneth insiste en que el criterio así esbozado no tiene que ver tan sólo con un concepto estrecho de moral, precisamente el concepto de moral de que hace uso la tradición liberal, y también la ética discursiva, en términos de un *moral point of view*. De acuerdo con este concepto, la moral refiere a aquella posición universalista en que «respetamos a todos los sujetos como 'fines en sí mismos' o como personas autónomas». Por el contrario, la eticidad designa «el *ethos* encarnado en un mundo de vida particular»[26]. Los comunitaristas proponen cambiar el orden de moralidad y eticidad establecido por Kant y el liberalismo, pues, a juicio de sus autores, la validez de los principios morales depende de las concepciones ético-particulares de la vida buena. Frente a ambas posiciones, el modelo del reconocimiento que Honneth defiende basándose en Hegel busca una tercera vía[27]. En la medida en que no se trata sólo de la autonomía moral del ser humano, sino de las condiciones de su autorrealización en la forma de una vida buena, el modelo se aparta claramente de la tradición kantiana. Por su parte, en tanto el concepto de «bien» o «vida buena» que reivindica no se entiende como «expresión de convicciones valorativas sustancialistas, que constituyen el *ethos* de una concreta comunidad de tradición», el modelo se aleja claramente también de la tradición comunitarista. Comprender este distanciamiento de ambos polos resulta muy importante para entender la posición en que el autor va a hacer mover la teoría moral a lo largo de su pensamiento. El concepto formal de eticidad refiere a aquellos elementos estructurales del

26. A. Honneth, *La lucha por el reconocimiento*, cit., p. 207.
27. Para esto véase también A. Honneth, «Entre Aristóteles y Kant. Esbozo de una moral del reconocimiento», en Íd., *Crítica del agravio moral*, cit., pp. 307-332.

mundo de la vida que pueden generalizarse por encima de todas las formas de vida particular, precisamente porque constituyen un momento de universalidad compartido por todas ellas: las condiciones necesarias para una autorrealización individual completa.

Al margen de estas consideraciones, el debate entre liberales y comunitaristas posee una significación importante para comprender el contexto de surgimiento del modelo de Honneth también en un segundo sentido. Me refiero a las discusiones, hoy muy presentes en el seno de la teoría crítica[28], en torno a las diferentes formas de crítica social. Honneth aborda esta cuestión, confrontándose explícitamente con el comunitarismo de Michael Walzer, en algunos textos importantes. En un artículo del año 2000 titulado «Crítica reconstructiva de la sociedad con salvedad genealógica», incluido en el libro *Pathologien der Vernunft* (*Patologías de la razón*), Honneth trata de hallar un punto de vista adecuado desde el cual emprender todavía una crítica de las sociedades liberal-democráticas[29]. Para semejante búsqueda se apoya precisamente en los estudios de Walzer a propósito de las diferentes formas de crítica social, desarrollados en su libro de 1987 *Interpretation and social criticism* (*Interpretación y crítica social*)[30].

Walzer diferencia tres modelos de crítica social: la crítica como «revelación», que se basa en la experien-

---

28. Véase, por ejemplo, R. Jaeggi y T. Wesche (coords.), *Was ist Kritik?*, Suhrkamp, Fráncfort d. M., 2009.

29. A. Honneth, «Crítica reconstructiva de la sociedad con salvedad genealógica», en Íd., *Patologías de la razón*, Katz, Buenos Aires, 2009, pp. 53-63. La cuestión sobre las diversas formas de crítica social es anticipada por Honneth ya unos años antes en su obra *Desintegration*, cit., cap. 7.

30. M. Walzer, *Interpretation and Social Criticism*, Harvard University Press, Cambridge (MA), 1993.

cia religiosa para proponer una suerte de reino trascendente desde el cual medir las impurezas del más acá; la crítica como «invención» o «construcción», que propone alguna forma de procedimiento destinado a elaborar aquellas normas o principios moralmente justificados desde los que criticar el mundo social; y la crítica como «interpretación» o «reconstrucción», que designa una suerte de crítica inmanente donde el acento recae en «la dimensión hermenéutica del redescubrimiento creativo de valores o ideales preexistentes en la cultura». Si la primera forma de crítica está, naturalmente, descartada como forma de crítica válida en los parámetros del pensamiento posmetafísico, la segunda ha gozado de gran prestigio en la filosofía social y política de inspiración kantiana, sobre todo bajo el influyente modelo de John Rawls. Frente a ambas formas, la crítica como «interpretación» es precisamente la que reivindica el pensamiento comunitarista de Michael Walzer. De acuerdo con esta tercera versión de la crítica social, compartida también por autores pragmatistas como Richard Rorty, «toda crítica normativa de un orden institucional o de determinadas prácticas sociales siempre presupone ya una cierta afirmación de la cultura moral que prevalece en esa sociedad»[31]. O, dicho de otra forma, en el modelo de crítica social empleado por el comunitarismo solamente son válidos como criterios para la crítica aquellos parámetros existentes ya en la cultura moral de la sociedad criticada.

En este esquema tripartito, Honneth opta, como modelo de crítica social adecuado para la teoría crítica, por una suerte de versión fuerte de la crítica interpretativa, a la que propone denominar «crítica inmanente» o

---

31.   A. Honneth, «Crítica reconstructiva de la sociedad con salvedad genealógica», cit., p. 54.

«crítica reconstructiva»[32]. Como la crítica en tanto interpretación, este modelo únicamente acepta como válidos aquellos criterios que ya han tenido alguna forma de institucionalización en la sociedad criticada. No obstante, y a diferencia de lo que ocurre en el modelo comunitarista, estos criterios o aspiraciones normativas han de poseer un carácter trascendente que permita someter el orden social existente a una crítica con pretensions de transformación social. La sociedad existente solamente puede ser criticada, tal ha sido siempre la convicción de la teoría crítica, si el diagnóstico social es capaz de sacar a la luz «un momento de trascendencia intramundana»[33]. La teoría crítica ubica así su surgimiento en una experiencia precientífica, en el interés emancipatorio motivado por el sufrimiento y localizado ya en la propia realidad social. La crítica ideológica practicada por Marx, que se apoya en los principios ilustrados de la libertad y la igualdad para mostrar en qué sentido la estructura económica de la sociedad moderna violenta precisamente la realización de tales principios, es un ejemplo perfecto de esta forma de crítica.

La crítica inmanente, tal es la conclusión a la que llega Honneth, necesita por lo demás ser complementada con un cuarto modelo de crítica, no tenido en cuenta en el esquema de Walzer: la crítica genealógica de inspiración nietzscheana. De lo que se trata en este

32. Para esto véase B. Herzog, «La crítica inmanente en la obra de A. Honneth», en J. A. Nicolás, S. Wahnón y J. M. Romero (eds.), *Crítica y hermenéutica. Perspectivas filosóficas, literarias y sociales*, Comares, Granada, 2020, pp. 205-214.

33. A. Honneth, «La dinámica social del desprecio: hacia una ubicación de una Teoría Crítica de la sociedad», en Íd., *La sociedad del desprecio*, Trotta, Madrid, 2011, p. 128; J. M. Romero Cuevas, «Sobre la pretensión de trascendencia de la crítica inmanente»: *Diálogo filosófico* 85 (2013), pp. 55-76.

cuarto modelo es del desenmascaramiento de la sociedad «demostrando históricamente hasta qué punto se apela ya a sus ideales y normas determinantes para legitimar una praxis disciplinadora o represiva»[34]. En este sentido, Honneth reivindica para la teoría crítica, y en consecuencia para su propio modelo de teoría social, una crítica inmanente de la sociedad complementada con el paradigma de la crítica genealógica. Este modelo de crítica, que Habermas ha llamado siempre «reconstrucción racional», y que Honneth prefiere llamar «reconstrucción normativa», parte de la idea, típica del hegelianismo de izquierdas, de que la historia moderna puede ser entendida como un proceso de institucionalización de ideales cada vez más racionales, precisamente aquellos ideales que permiten someter a la realidad social a una crítica en los términos de una no consecución del potencial de racionalidad históricamente alcanzado.

Ciertamente, existen otros elementos diferentes que también vinculan el modelo de Honneth con el paradigma comunitarista, más allá de los debates mostrados hasta aquí a propósito de la relación entre moralidad y eticidad, y a propósito de los diferentes modelos de crítica social. Especialmente relevantes son en este sentido las discrepancias con Charles Taylor en torno a la «política del reconocimiento», y en concreto la protesta de Honneth contra su tendencia a reducir el marco del reconocimiento al discurso sobre las políticas de iden-

---

34. *Ibid.*, p. 58. Esta es la estrategia utilizada por Nietzsche en *De la genealogía de la moral* y por Foucault en *Vigilar y castigar*. Véase F. Nietzsche, *De la genealogía de la moral*, en *Obras completas* IV, Tecnos, Madrid, 2016, pp. 453-560; M. Foucault, *Vigilar y castigar*, cit. En la teoría crítica contemporánea, este modelo ha sido reivindicado por M. Saar, *Genealogie als Kritik*, Campus, Fráncfort d. M., 2007.

tidad cultural[35]. En efecto, la noción de lucha por el reconocimiento desarrollada por Honneth no se reduce, al contrario de lo que ocurre en el caso de Taylor, a los problemas relacionados con el encaje político de las diferencias multiculturales, sino que abarca muchos otros aspectos relacionados con la vida familiar, las formas de interacción existentes en el mercado laboral y la vida política o los movimientos feministas. Honneth rechaza explícitamente, por tanto, la reducción que opera Taylor de la política del reconocimiento a una política de la identidad cultural. Sea como fuere, con lo dicho hasta aquí es suficiente para hacernos cargo de la importancia que la discusión con el pensamiento comunitarista tuvo en el proceso de constitución del modelo teórico de Honneth. Esta importancia palidece, sin embargo, si se compara con las discusiones mantenidas con otra tradición de pensamiento, a la que ciertamente podemos decir que el autor pertenece de pleno derecho: la tradición de la teoría crítica de la sociedad.

IV. AXEL HONNETH Y LA TEORÍA CRÍTICA

El modelo de teoría social de Axel Honneth, que como hemos visto suele ser considerado el gran representante de la tercera generación de la teoría crítica de la sociedad de la Escuela de Frankfurt, parte estrictamente de una crítica a los modelos de teoría crítica que le prece-

35.   Para esto véase Ch. Taylor, *El multiculturalismo y «la política del reconocimiento»*, FCE, México, 2002; A. Honneth, *Reconocimiento y menosprecio: sobre la fundamentación normativa de una teoría social*, Centro de Cultura Contemporánea, Barcelona, 2010; Íd., «Redistribución como reconocimiento: respuesta a Nancy Fraser», en N. Fraser y A. Honneth, *¿Redistribución o reconocimiento?: un debate político-filosófico*, Morata, Madrid, 2006.

dieron. Al margen del temprano libro publicado junto con Hans Joas en 1980 bajo el título de *Acción social y naturaleza humana*[36], la primera obra del autor, *Crítica del poder*, está dedicada precisamente a analizar críticamente tales modelos precedentes. Como vimos parcialmente al estudiar las discusiones con Foucault, incluidas significativamente en este libro, Honneth se esfuerza desde el comienzo por localizar el hueco exacto que las anteriores teorías críticas de la sociedad no lograron cubrir satisfactoriamente —lo que él llama «el ámbito específico de lo social»—, a fin de procurarse un espacio propio desde el que renovar la teoría crítica.

Puesto que nosotros ya hemos estudiado la discusión con Foucault, en esta sección voy a ocuparme de los debates que Honneth ha mantenido con tres importantes modelos de la teoría crítica anterior: la teoría crítica original de Max Horkheimer, la *Dialéctica de la Ilustración* y su culminación en forma de teoría de la dominación de Theodor W. Adorno y la teoría de la acción comunicativa de Jürgen Habermas. A través de una incisiva lectura crítica de todos estos modelos, Honneth trata de descubrir un hueco aún no explorado suficientemente por la teoría crítica, y que más tarde él mismo intentará llenar, como veremos en el próximo capítulo, con una teoría sobre la gramática moral de los conflictos sociales.

Honneth se esfuerza por mostrar en primer lugar lo que él denomina el «déficit sociológico» de la primera teoría crítica de Horkheimer. En su famoso artículo de 1937 «Teoría tradicional y teoría crítica», Horkheimer había reconstruido *a posteriori* el método de in-

---

36. A. Honneth y H. Joas, *Soziales Handeln und menschliche Natur. Anthropologische Grundlagen der Sozialwissenschaft*, Campus, Fráncfort d. M., 1980.

vestigación social que la teoría crítica había empleado ya en artículos anteriores, y que en adelante definiría el quehacer propio del Instituto de Investigación Social. Horkheimer establece aquí una novedosa distinción entre «teoría tradicional» y «teoría crítica» de la ciencia. Bajo su comprensión tradicional, la ciencia aparece como un «conjunto de proposiciones acerca de un campo de objetos [...], de tal modo relacionadas unas con otras que de algunas de ellas pueden deducirse las restantes»[37]. Estas proposiciones son susceptibles de una aplicación hipotética al mundo, que permite hacer predicciones con objeto de controlar y modificar los procesos de la realidad natural y social. A juicio de Horkheimer, semejante comprensión olvida la conexión de la ciencia con el mundo del que en definitiva ha surgido, es decir, con todos aquellos procesos a través de los cuales la especie en su conjunto se apropia de la naturaleza para organizar su mundo social. Frente a esta ceguera, Horkheimer reivindica una noción de teoría comprendida «en su ligazón con procesos sociales». La construcción de nuevas teorías científicas es el resultado de las metas e intereses de la sociedad en que estas aparecen inmersas, de suerte que «la relación entre las hipótesis y los hechos no se cumple en la cabeza del científico, sino en la industria». El objetivo de Horkheimer es así traer a la conciencia la abstracción de la teoría tradicional con respecto a la inserción histórica de la ciencia en su conjunto. Este gesto apresa descriptivamente la función de la ciencia en el orden establecido, al mismo tiempo que anticipa normativamente su auténtica función social. La teoría crítica es —a diferencia de la tradicional— consciente del propio interés que la mue-

37. M. Horkheimer, «Teoría tradicional y teoría crítica», en Íd., *Teoría crítica*, Amorrortu, Buenos Aires, 2008, p. 223.

ve, que no es otro que «el interés de instaurar un estado de cosas racional». Su tarea es explicitar los intereses en que está inserta la propia concepción moderna de la ciencia. No es en este sentido, por lo tanto, sino la expresión autoconsciente de los procesos de emancipación inherentes al desarrollo de las fuerzas productivas.

Honneth localiza una aporía en este famoso planteamiento de Horkheimer. Esta aporía tiene que ver con el *impulso crítico* de una teoría que, para ser consecuente con su propio diagnóstico, había de surgir del mismo contexto del que surge también la teoría tradicional. Para tratar de escapar a este problema, Horkheimer había descartado que la teoría crítica fuera un mero componente inmanente al proceso evolutivo de la sociedad guiado por el trabajo, reivindicando para ella el estatuto de «expresión teórica de una actitud precientífica» que ya no tenía por objeto la apropiación técnica de la naturaleza, sino la transformación práctica de «la sociedad misma». A juicio de Honneth, esta nueva dimensión ya no puede tener lugar en el marco conceptual de una filosofía de la historia que, como la marxista, reduce la marcha socioevolutiva a los procesos de apropiación técnica de la naturaleza. En este punto, Honneth está poniendo sobre la mesa una objeción que ya Habermas había formulado contra Marx. Se trata de la objeción contra la contradicción existente entre la reivindicación de la crítica en términos de lucha y transformación social de tipo *práctico*, y la autocomprensión del proceso evolutivo en términos de acción *instrumental*: «en las condiciones constitutivas de la teoría crítica», dice Honneth, «Horkheimer hace uso de un concepto de praxis social más amplio que el que le permitiría su propia concepción filosófica de la historia»[38].

38. A. Honneth, *Crítica del poder*, cit., p. 42.

Tanto Marx como el primer Horkheimer tienen que atribuir la praxis crítica de la lucha a un determinado grupo social, a saber, a aquel que ha sido excluido de los beneficios de un producto social que, sin embargo, es el resultado de la actividad laboral de la especie en su conjunto. Esta restricción pone ya de manifiesto que la lucha social está inserta en un contexto que poco tiene que ver con la apropiación instrumental del medio natural, a saber, el contexto de un conjunto de «interpretaciones particulares de la realidad, que luchan entre sí por el sentido de la justicia de las relaciones sociales de producción». En esta última formulación podemos empezar a atisbar cuál es el «déficit sociológico» de la primera teoría crítica. No es otro que la desatención del espacio, ya reivindicado por Habermas, de la vida social cotidiana en que se dan cita interpretaciones conflictivas «motivadas por el interés en la superación de las situaciones sufridas de injusticia». La excesiva atención que Horkheimer pone en el ámbito del trabajo hace que los estudios de crítica de la economía política terminen por descartar una aproximación específicamente sociológica a la lucha social.

El siguiente gran modelo de teoría crítica de la sociedad lo encontramos en el diagnóstico, elaborado conjuntamente por Adorno y Horkheimer a comienzos de los años cuarenta, sobre la dialéctica de la Ilustración. Con sus estudios sobre el ocaso del individuo y la objetivación de la naturaleza en materia de dominio, Adorno y Horkheimer habían transitado en los años cuarenta el camino que va desde la teoría de la revolución fallida hasta la crítica de la fallida civilización y su racionalidad inmanente: la racionalidad instrumental[39]. Como es sa-

---

39. Para esto véase A. Wellmer, *Teoría crítica de la sociedad y positivismo*, Ariel, Barcelona, 1979; R. Wiggershaus, *Die Frakfurter Schule*.

bido, los autores diagnostican un proceso de autonegación de la humanidad que interpretan como consecuencia necesaria de la dominación social de la naturaleza. Sólo la reflexión de la Ilustración sobre sí misma, tal era entonces la esperanza, había de ser capaz de desvelar su secreto, poniendo al mismo tiempo las bases para la construcción de un concepto positivo de la propia razón ilustrada que la liberase «de su cautividad en el ciego dominio»[40]. Este secreto no es otro que el paradójico origen de la regresión de la Ilustración a mitología, culminada en el nacionalsocialismo, *dentro* del propio pensamiento ilustrado. Los autores tratan en definitiva de apresar esa dialéctica según la cual la ilustrada labor de liberar al ser humano del poder de la naturaleza mediante su dominio no concluyó con la emancipación humana, sino con su cosificación.

Ahora bien, dado que esta autonegación humana no era idéntica en todos los sujetos de la sociedad de clases, Adorno y Horkheimer tuvieron que incluir además una teoría de la dominación social que se basaba en la, a juicio de Honneth, poco convincente explicación de la división social del trabajo en términos de «apropiación originaria» de privilegios[41]. Honneth se esfuerza por mostrar los problemas que se derivan de este segundo modelo para dar cuenta de la dominación específicamente social: «Adorno y Horkheimer se centran con tanta obstinación en el proceso del control instrumental de la naturaleza que también pretenden concebir el funcionamiento de la dominación dentro de la so-

Gesichte. Theoretische Entwicklung. Politische Bedeutung, dtv, Múnich, 1986.

40.   Th. W. Adorno y M. Horkheimer, *Dialéctica de la Ilustración*, Trotta, Madrid, ¹⁰2018.

41.   La tesis de la apropiación o acumulación originaria la desarrolla Marx en *El capital* (Siglo XXI, Madrid, 1978), libro I, vol. 1, cap. XXIV.

ciedad de acuerdo con este modelo»[42]. El sujeto social privilegiado aparece como sujeto de acción instrumental que subsume a la clase oprimida bajo la perspectiva del control técnico. Y en esta explicación, que reduce las formas de dominio o bien a la fuerza física directa, o bien a la ideología indirecta, Honneth cree encontrar otro ejemplo del «déficit sociológico» de la teoría crítica: «toda forma de dominio social que no se retrotraiga al modelo de sometimiento activo de los miembros de la sociedad bajo un propósito general del control, sino que se conciba, antes bien, como el resultado de un acuerdo entre los miembros de la sociedad, queda excluida de este marco teórico»[43]. Dado que *Dialéctica de la Ilustración* postula la existencia de una dominación sistémica total, la figura de una resistencia de los grupos oprimidos en forma de lucha social por el reconocimiento resulta todavía sencillamente imposible. Con el viraje de la teoría crítica se mantiene una dicotomía de ámbitos de acción social —dominación de la naturaleza y control ideológico de las pulsiones— ciega a esa otra esfera específicamente social reivindicada por Honneth, por mucho que en esta segunda versión la filosofía materialista de la historia marche en el sentido opuesto al que todavía marchaba en la versión del primer Horkheimer.

Ciertamente, Honneth parece conceder una valoración más amable al significado de *Dialéctica de la Ilustración* en un artículo algo posterior titulado «Sobre la posibilidad de una crítica alumbrante», incluido en el libro del año 2000 *Das andere der Gerechtigkeit* (*Lo otro de la justicia*). El autor reivindica ahora el valor de la «crítica trascendente» contenida en *Dialéctica*

42. A. Honneth, *Crítica del poder*, cit., p. 99.
43. *Ibid.*, p. 101.

de la Ilustración frente a los ataques de algunos defensores de la crítica interpretativa como Richard Rorty o Michael Walzer. A su modo de ver, *Dialéctica de la Ilustración* sigue siendo útil cuando el objeto de la crítica social no es la contravención de un estándar de justicia, sino la existencia de una patología social que se encuentra por debajo del umbral de los propios criterios de justicia. Conceptos metafóricos como «industria cultural» o «historia natural» tendrían en este sentido la misión de desplazar los significados habituales, haciendo emerger ante la conciencia hechos no percibidos hasta el momento. La crítica contenida en *Dialéctica de la Ilustración* sería, en este sentido, una «crítica que abre mundo»[44].

Sea como fuere, Honneth extrapola también sus objeciones a la que constituye, a su juicio, la versión extremada de este segundo modelo de teoría crítica, a saber, la teoría de la dominación del último Adorno. Con la derrota militar del fascismo, el foco de atención de la teoría crítica se desplazaba desde la coacción estatal directa a las estrategias institucionales de coacción indirecta en forma de industria cultural[45]. De acuerdo con la interpretación de Honneth, en este modelo de crítica social la teoría crítica ya no pudo dejar espacio alguno al proyecto de una investigación científico-social de tipo empírico que reconociera las particularidades del nuevo modo de organización capitalista. Con la expli-

44. A. Honneth, «Sobre la posibilidad de una crítica alumbrante», en Íd., *La sociedad del desprecio*, cit., pp. 147-163. Para la discusión a propósito de estas dos interpretaciones de *Dialéctica de la Ilustración,* véase V. Vidal, «Honneth y Adorno ante la patología: crítica que abre mundo o interpretación materialista de las obras de arte»: *Quaderns de Filosofia* 11 (2024), pp. 69–84

45. Véase Th. W. Adorno, *Minima Moralia*, en *Obra completa* 4, Akal, Madrid.

cación de los procesos de integración social en términos de manipulación centralizada y canalizada por los *mass media*, la teoría de la industria cultural separaba tan dicotómicamente las esferas del modo productivo y de los sujetos individuales, que terminaba por perderse esa «esfera independiente de acción cultural en la que los miembros de un grupo social tienen la posibilidad de que sus expectativas cotidianas y sus intereses recíprocos puedan llegar a ser objeto de acuerdo dentro de una visión común»[46].

Como sabemos, Honneth equipara esta teoría de la dominación total con el modelo de teoría del poder del Foucault posterior a *Arqueología del saber*. Honneth muestra cómo esta teoría del poder comparte con la teoría social de Adorno a partir de *Dialéctica de la Ilustración* esa crítica de la racionalidad instrumental como racionalidad que atenta contra el propio cuerpo humano. En ambos casos, la crítica se guía por «la atención compasiva a los sufrimientos del cuerpo humano»[47], y en ambos casos la Ilustración es entendida como un proceso de acumulación de saber que asegura la dominación técnica sobre el ser humano. Aunque Adorno recurre para sus análisis a las categorías psicoanalíticas de la manipulación psíquica ejercida por los *mass media*, mientras que Foucault analiza los procedimientos de disciplinamiento corporal realizados por instituciones escolares y penitenciarias, en ambos casos, esta es la tesis de Honneth, aparece la imagen poco convincente de una sociedad totalmente integrada en forma totalitaria. No obstante, Honneth reivindica en este punto, igual que había hecho Habermas, la grandeza de Ador-

---

46. A. Honneth, *Crítica del poder*, cit., p. 137.
47. A. Honneth, «Foucault y Adorno. Dos formas de una crítica a la modernidad», cit., p. 136.

no frente a los posicionamientos del posestructuralismo. Esta grandeza la encuentra en la resistencia a abandonar todo fundamento normativo para la crítica: «mientras que Adorno critica la era moderna bajo el criterio de una posible reconciliación del sujeto con las partes de pulsión e imaginación separadas por la civilización, Foucault ataca de la era moderna la idea de una subjetividad humana en general». En su teoría social crítica, Adorno presupone cierta «formación acertada del yo» como criterio normativo, a saber, ese yo libre de coacciones que «deja que las impresiones sensibles externas y su dispositivo de sensaciones se comuniquen con libertad»[48]. Honneth reconoce cómo incluso en *Minima Moralia* se mantiene todavía esa pulsión originaria de la teoría crítica, que hay que retrotraer hasta Hegel, de hallar un sustento normativo de tipo ético desde el que medir las heridas de la vida en las condiciones de la sociedad moderna: «las pautas con las que Adorno mide las lesiones de las formas de trato social delatan que se atiene al ideal de una autorrealización cooperativa en la que es la libertad del individuo la que posibilita la del otro»[49].

No obstante, Adorno no puede localizar ya en su cultura social el momento de «trascendencia intramundana» requerido para practicar la crítica social sobre fundamentos sólidos. El análisis del capitalismo que Adorno lleva a cabo ya desde el discurso sobre «La actualidad de la filosofía»[50] no pretende ser una explicación del sistema económico, sino una interpretación o hermenéutica materialista de una forma de vida que

48. *Ibid.*, p. 145.
49. A. Honneth, «Una patología social de la razón. Sobre el legado intelectual de la Teoría Crítica», en Íd., *Patologías de la razón*, cit., p. 35.
50. Th. Adorno, *Actualidad de la filosofía*, Paidós, Barcelona, 1991.

considera fracasada[51]. Mediante el análisis de diversas figuras de la vida social moderna, Adorno quiere iluminar lo social como un conjunto de acontecimientos ciegos e incomprensibles. Aunque, como decimos, Adorno no renuncia en ningún momento a la posibilidad de la transformación de la realidad reificada, sus apelaciones al sufrimiento como canon normativo para la crítica resultan insuficientes para Honneth. Apoyándose en elementos procedentes del psicoanálisis, Adorno puede hacer ver como «el sufrimiento en tanto impulso con el que los sujetos reaccionan a las condiciones de vida capitalistas se convierte [...] en el deseo prerreflexivo de liberarse de condiciones que traban nuestro potencial de razón mimética»[52]. Pese a los esfuerzos de Adorno, y también pese a los intentos de Marcuse a partir de los años cincuenta por hallar el impulso crítico en una transformación cualitativa de nuestra propia estructura psíquica y de nuestra relación con el mundo objetivo[53], o a los esfuerzos del último Horkheimer por mantener abierta todavía la posibilidad de una reconciliación al menos como anhelo trascendente de justicia[54], la teoría crítica queda atrapada a partir de los años cincuenta, tal es la conclusión de Honneth, en el diagnóstico de un «curso circular tan cerrado de dominio capitalista y

51. Para la idea de una hermenéutica materialista en el joven Adorno, véase S. Sevilla, «La hermenéutica materialista»: *Quaderns de filosofia i ciencia* 35 (2005), pp. 79-91.
52. A. Honneth, «Una fisonomía de la forma de vida capitalista. Bosquejo de la teoría social de Adorno», en Íd., *Patologías de la razón*, cit., p. 83.
53. H. Marcuse, *Eros y civilización*, Seix Barral, Barcelona, 1968; Íd., *El hombre unidimensional*, Planeta, Barcelona, 1985; Íd., *El final de la utopía*, Ariel, Barcelona, 1968.
54. Véanse los textos incluidos en M. Horkheimer, *Sociedad, razón y libertad*, Trotta, Madrid, 2005 y en Íd., *Anhelo de justicia*, Trotta, Madrid, 2000.

de manipulación cultural dentro de la realidad social, que ya no hay espacio en ella para una zona de crítica práctico-moral»[55].

La principal propuesta de salida a este atolladero fue elaborada, practicando una suerte de crítica inmanente de su propia tradición, por Jürgen Habermas, y en este sentido no es de extrañar que él constituya el siguiente estadio dentro de la teoría crítica reconstruido en la temprana obra de Honneth[56]. En su conocida y muy discutida recepción de la teoría crítica de Adorno y Horkheimer, Habermas había tratado de mostrar cómo la asunción y radicalización de las tesis weberianas sobre la pérdida de sentido desde el punto de vista de la interpretación lukácsiana de la racionalización capitalista como cosificación de las relaciones sociales conduce a la Escuela de Frankfurt de los años cuarenta a una problemática crítica de la razón instrumental. Esta crítica de la razón instrumental, formulada en términos de una autocrítica de la Ilustración corre el riesgo, a juicio de Habermas, de convertirse en una filosofía negativa de la historia cuya inflexible lógica habría anticipado el fatal resultado del decurso histórico. Con este cambio de rumbo, la teoría crítica se veía envuelta en la aporética imposibilidad, inherente a una autocrítica de la razón ilustrada, de esclarecer los criterios normativos en que ella misma se apoyaba. La crítica de la razón instrumental, tal es la conclusión a la que llega Habermas, se enfrentó así a la irónica tarea de someter a la razón subjetiva, cognitivo-instrumental, a una

<hr/>

55. A. Honneth, «La dinámica social del desprecio: hacia una ubicación de una Teoría Crítica de la sociedad», cit., p. 130.

56. Para la crítica de Habermas a la situación en que se hallaba la teoría crítica después de la guerra, véase J. Habermas, *El discurso filosófico de la modernidad*, cit.; Íd., *Teoría de la acción comunicativa*, Trotta, Madrid, ²2018.

crítica total desde el punto de vista de una razón objetiva que se consideraba destruida. Distanciándose de este enfoque negativista, Habermas se propone recuperar el proyecto original de Horkheimer sobre bases normativas diferentes. Como representante eminente de la nueva teoría crítica, Habermas formula un diagnóstico sobre la fuente fundamental de las patologías sociales del capitalismo avanzado, un diagnóstico que toma la conocida forma de una colonización del mundo de la vida por parte de imperativos sistémicos. No obstante, a diferencia de Adorno o Marcuse, Habermas es capaz de ofrecer una definición sistemática de aquello amenazado por la lógica sistémica. O, dicho de otra forma, Habermas puede esbozar los contornos de una sociedad no patológica a cuyo contraluz normativo las sociedades del capitalismo tardío aparecen como efectivamente patológicas. Estos contornos tienen que ver con el entendimiento comunicativo de individuos que no se relacionan entre sí solamente de forma instrumental o estratégica, sino también movidos por un afán de entendimiento mutuo.

A mi modo de ver, este cambio de paradigma, que el propio Habermas ha denominado «paradigma de la comunicación», es asumido en sus rasgos generales por el Honneth de comienzos de los años noventa, por mucho que esta asunción venga acompañada de un sugerente e incisivo elenco de críticas que, nuevamente, ponen las bases sobre las que se irá construyendo la nueva teoría crítica. En efecto, frente a los modelos de una dominación sistémica total, Honneth reivindica, moviéndose en el contexto de fundamentación normativa abierto por Habermas, la necesidad de un «análisis de las reglas de entendimiento» que subyacen a la esfera normativa, es decir, un análisis de las relaciones internas de la acción social a través de las cuales los individuos pueden aceptar consensualmente formas de dominación social, pero también rechazar esas formas bajo el modelo de la lucha social de resistencia. Mientras que la primera generación de la Escuela de Frankfurt hallaba los puntos de referencia para la crítica en alguna suerte de «subjetividad no dañada», tanto Habermas como Honneth reivindican en su lugar «formas intactas de interacción», es decir, intersubjetividades no dañadas. No obstante, si Habermas se dedica a reconstruir las estructuras racionales del entendimiento lingüístico, a Honneth le interesa apresar las propias estructuras de la interacción social[57]. Veamos con un poco más de detalle cuál es el lugar exacto del modelo habermasiano del que Honneth quiere apartarse.

Ya desde los tempranos trabajos de *Ciencia y técnica como «ideología»*, Habermas había tratado de conectar las diversas formas de acción social —trabajo e interacción, o acción instrumental y acción comunicativa— con dos esferas sociales analíticamente diferenciadas: el sistema económico-administrativo y el marco institucional del mundo de la vida[58]. Con estos conceptos, Habermas pudo ofrecer una teoría de la sociedad en la que la autoconstitución de la especie no dependía tan sólo de los procesos de reproducción material, sino también de un proceso de entendimiento intersubjetivo mediado por normas. Es justamente este gesto, que se aleja de la tradición marxista para recuperar la dimensión de la integración normativa, el que permite a Habermas disolver los antiguos problemas a que se vieron conducidos Horkheimer y Adorno —y también,

---

57. Ch. Zurn, *Axel Honneth*, cit., p. 16.
58. Véase, por ejemplo, J. Habermas, «Trabajo e interacción», en Íd., *Ciencia y técnica como ideología*, Tecnos, Madrid, 2010, pp. 11-51; Íd., «Ciencia y técnica como ideología», en *ibid.*, pp. 53-112.

por cierto, Foucault—, pues efectivamente sólo desde el marco de este «consentimiento regulado normativamente» pueden comprenderse el poder y la dominación como fenómenos específicamente sociales. Habermas consigue, a diferencia de sus predecesores en la Escuela de Frankfurt, hacerse cargo del ámbito específico de la teoría de la sociedad.

Ahora bien, en la interpretación crítica ofrecida por Honneth a finales de los años ochenta, la traducción directa que Habermas opera desde las categorías de la teoría de la acción hasta el marco de la teoría de la sociedad erige un concepto ficticio de realidad social en el que esta aparece como efectivamente dividida en un dominio gobernado *sólo* por la acción comunicativa y otro dominio gobernado *sólo* por la acción racional con arreglo a fines. Honneth se propone mostrar cómo la interrelación entre ambos ámbitos es de hecho mucho más compleja de lo que Habermas supone. En primer lugar, no es en modo alguno evidente que la reproducción simbólica del mundo de la vida pueda comprenderse, a diferencia de la reproducción material, como el «resultado intencionado de un trabajo común colectivo». En segundo lugar, Habermas tiene que dar por supuestas dos hipótesis que difícilmente pueden compadecerse con la propia realidad social que trata de explicar, a saber, la existencia de «organizaciones de acción vaciadas de sustancia normativa» y la existencia de «esferas de comunicación vaciadas de poder». Si con la primera de estas ficciones Habermas se ve obligado a comprender las esferas de la economía y el Estado como meras «materializaciones de reglas de acción conforme a fines» que en todo caso se dan de forma independiente a los procesos de entendimiento, con lo cual termina por abandonar la expectativa de una organización comunicativa del sistema productivo y de una crítica racional del sistema estatal; con la segunda parece dar por supuesto que en el mundo de la vida los sujetos operan siempre aislados de las prácticas de poder, manipulación y estrategia[59]. Semejante división categorial, que quedará sistematizada en *Teoría de la acción comunicativa*, no podía sino convertir en secundarios los procesos de dominación de los grupos socialmente privilegiados, pues el conflicto se pensaba en términos de una presión de los subsistemas racionales con arreglo a fines sobre el marco institucional del mundo de la vida. La evidente existencia de conflictos intrasociales —lucha de clases, pretensiones de reconocimiento de grupos oprimidos, etc.— quedaba olvidada en una comprensión del conflicto en términos de oposición sistema-marco institucional[60].

Frente a esta forma de conceptuar los conflictos de las sociedades tardomodernas, es decir, en términos de una colisión entre esferas sociales reguladas por formas diferentes de acción social, Honneth cree que la lógica del desarrollo histórico de la especie debe ser analizada «desde el punto de vista de la dinámica moral que subyace a la lucha social». Bajo las condiciones estructurales del capitalismo, la interacción social, que en un marco exento de contradicciones materiales habría de realizarse como entendimiento comunicativo, toma la consecuente forma de una «lucha social». Esta lucha puede ser apresada en los términos de una «forma distorsionada de entendimiento intersubjetivo», lo cual hace depender el proceso de autoconstitución de

59. Para esta crítica, véase J. M. Romero Cuevas, «Entre hermenéutica y teoría de sistemas. Una discusión epistemológico-política con la teoría social de J. Habermas»: *Isegoría* 44 (2011), pp. 139-159; M. García-Granero y C. Ortega-Esquembre, «¿Teoría crítica o inmunización del sistema?»: *Tópicos* 56 (2019), pp. 311-338.
60. A. Honneth, *Crítica del poder*, cit., p. 388.

la especie no ya de un doble proceso de racionalización que opera por vías independientes, sino de un proceso de lucha *intrasocial* que finalmente tendrá que ver, como aún comprobaremos, con las pretensiones de reconocimiento inherentes a los procesos de individuación y socialización.

Ciertamente, las discusiones con Habermas van mucho más allá de esta temprana recepción de la teoría de la acción comunicativa. Especialmente significativas para comprender el nuevo modelo de teoría crítica como teoría de la lucha por el reconocimiento son las reflexiones en torno a la teoría moral deontológica habermasiana. Si en la teoría crítica de Habermas la crítica práctico-moral ya no se apoya en las «experiencias de privación social y dependencia económica ligadas al estatus de clase», sino más bien en la reclamación de mayores espacios de entendimiento comunicativo para disolver normas no fundamentadas suficientemente, entonces el interés práctico por una forma superior de justicia social sólo se deposita en aquellos grupos socialmente privilegiados que, encarnando ellos mismos el nivel posconvencional de desarrollo de la conciencia moral, participan en los discursos normativos de forma competente. Honneth intenta demostrar que, con esta tesis, la teoría moral habermasiana «tiene que ignorar todas las formas de crítica social existentes que no sean reconocidas por el espacio público político-hegemónico»[61]. Frente al modelo de Habermas, Honneth entiende que una teoría normativa de la sociedad debe considerar las condiciones de expresión moral específicas de clase, pues en los grupos socialmente oprimidos no se da un sistema axiológico normativamente

---

61. A. Honneth, «Conciencia moral y dominio social de clases», en *La sociedad del desprecio*, cit., p. 57.

justificado y elaborado de forma consecuente, sino más bien un conjunto sumamente fragmentario de «sensaciones morales de injusticia».

Estas articulaciones fragmentarias de la justicia por vía reactiva, es decir, a través de la *vivencia* de injusticias concretas, son por lo demás manipuladas y coaccionadas mediante las técnicas de control social de los grupos socialmente dominantes. A juicio de Honneth, este control se realiza mediante la limitación de las posibilidades de expresión simbólica del grupo dominado —el llamado «robo de la lengua», que impide una articulación de las injusticias padecidas—, y de las condiciones para una posible articulación de experiencias de opresión específicas de clase, es decir, «individualizando la conciencia de injusticia específica de clase». El paso previo a la lucha social no es entonces tanto la consecución del nivel posconvencional de desarrollo de la conciencia moral colectiva cuanto los *sentimientos* de injusticia *experimentados biográficamente* por los propios afectados[62]. Esta dialéctica de la violación de la identidad y la exigencia de reparación apela naturalmente, aunque todavía de una forma sumamente aproximativa, a la teoría hegeliana de la lucha por el reconocimiento, cuya primera apelación directa en la obra de Honneth se encuentra en un artículo de 1989 titulado «Desarrollo moral y lucha social. Enseñanzas de filosofía social de la obra temprana de Hegel»[63].

Como se puede ver, las críticas de Honneth a los estadios anteriores de la teoría crítica, desde Horkheimer

62. Para esta tesis, véase también A. Honneth, «La dinámica social del desprecio: hacia una ubicación de una Teoría Crítica de la sociedad», cit.

63. A. Honneth, «Desarrollo moral y lucha social», en Íd., *Crítica del agravio moral*, cit., pp. 197-224.

hasta Habermas pasando por Adorno y Foucault, conducen a la reivindicación de un espacio específicamente social no suficientemente tematizado por ninguno de estos autores. Semejante espacio queda conformado por todo un conjunto de formas de menosprecio y luchas por el reconocimiento que, a juicio de Honneth, se dejan explicar mejor recurriendo a los materiales del joven Hegel. He aquí, por tanto, que nos encontramos con los elementos necesarios para reconstruir la primera propuesta sistemática del autor, publicada en 1992 bajo el título de *La lucha por el reconocimiento*.

3

LA TEORÍA DE LA LUCHA
POR EL RECONOCIMIENTO

Al final del capítulo anterior hemos visto cómo las discusiones mantenidas por Honneth con las diferentes tradiciones de la filosofía moral, social y política contemporánea, y muy especialmente con la teoría crítica de la sociedad, le habían conducido directamente a una reivindicación de la teoría hegeliana del reconocimiento, a su juicio, capaz de dar cuenta de la dimensión más fundamental de los conflictos sociales. Aunque la teoría de la lucha por el reconocimiento elaborada por Honneth bebe sin duda de otras fuentes importantes, tales como el psicoanálisis, el interaccionismo simbólico de George Herbert Mead o la filosofía social de Rousseau[1], es sin duda Hegel quien ocupa el lugar más destacado. Igual que Habermas, Honneth es un heredero directo de la tradición ilustrada alemana que avanza desde Kant hasta Marx pasando por Hegel. De acuerdo con esta tradición, los grandes ideales de la razón, tales como el progreso, la igualdad o la libertad poseen una validez universal. La historia puede ser interpreta-

---

1. Para la importancia de Rousseau en la sistematización del concepto de reconocimiento, véase F. Neuhouser, *Rousseau's Theodicy of Self-Love*, Oxford University Press, Nueva York, 2008.

da, en último término, como un proceso de aprendizaje que llega hasta nosotros. A diferencia de Habermas, sin embargo, dentro de esta tradición no es tanto Kant cuanto Hegel quien a juicio de Honneth puede ofrecer los elementos más interesantes para fundamentar la nueva teoría crítica. De acuerdo con la excelente lectura de Christopher Zurn, tres son fundamentalmente las transformaciones que Hegel opera con respecto a Kant, y que Honneth acepta: la naturaleza intersubjetiva y social de los ideales ilustrados, tal y como se puede ver en la noción, brillantemente sistematizada por Frederick Neuhouser, de una «libertad social»[2]; el movimiento desde lo atemporal y *a priori* hasta lo histórico y concreto; y la ubicación de nuestros ideales normativos en un contexto histórico particular, de suerte que «pueda mostrarse que han resultado de un proceso progresivo de aprendizaje»[3].

Sustentándose sin duda en estas correcciones del kantismo, Honneth se embarca en la obra de 1992 *La lucha por el reconocimiento* en la tarea de ofrecer una nueva fundamentación para la teoría crítica en términos de una versión posmetafísica de la teoría hegeliana del reconocimiento. El proyecto consiste en una «teoría normativa y sustancial de la sociedad» basada en el modelo del joven Hegel de la lucha por el reconocimiento. Como veremos a continuación, a través de una explicación de las formas de menosprecio correspondientes a los tres momentos de reconocimiento descubiertos por Hegel —amor, derecho y valoración social—, Honneth puede perfilar un modelo de teoría crítica de

---

2. Para esto véase F. Neuhouser, *Foundations of Hegel's Social Theory. Actualizing Freedom*, Harvard University Press, Cambridge (MA), 2000.

3. Ch. Zurn, *Axel Honneth*, cit., p. 12.

la sociedad en el que, a diferencia de la teoría habermasiana, los procesos del cambio social se explican «en referencia a pretensiones normativas, estructuralmente depositadas en la relación del reconocimiento recíproco». Con este gesto, Honneth se propone «sacar a la luz la lógica moral de los conflictos sociales», y ello con el objetivo de descubrir un nuevo criterio normativo desde el que interpretar críticamente el proceso de desarrollo histórico[4].

I. UNA REFORMULACIÓN DEL JOVEN HEGEL

Honneth comienza su argumentación reconstruyendo la idea originaria de los escritos de Hegel durante su periodo de Jena. Oponiéndose a la comprensión de la vida social en los términos contractualistas de una lucha por la autoconservación mediada por el pacto, Hegel comenzó su filosofía social haciendo de la pretensión de los individuos a ver reconocida su identidad el motor del proceso civilizatorio. Recuperando, por así decir, el modelo más bien «comunitarista» propio de la doctrina clásica, Hegel critica las comprensiones atomistas del derecho natural moderno, según las cuales los procesos de socialización parten de la existencia de sujetos aislados. Pero aunque efectivamente Hegel recurre a la idea, típica de la Grecia clásica, de una «situación de totalidad ética» encarnada en las instituciones de la *polis*, sus evidentes conocimientos de la teoría económica moderna —especialmente las lecturas de Adam Smith— lo empujaron ya desde el principio a incluir dentro de la eticidad, tal y como muestra Honneth, una esfera

---

4. Para lo que sigue, utilizo los materiales que desarrollé en el capítulo V de mi libro *Habermas ante el siglo XXI*.

de propiedad marcada por la libertad negativa, es decir, eso que en la *Filosofía del derecho* quedará bautizado con el nombre de *bürgerliche Gesellschaft* (sociedad civil burguesa). Hegel asume una comprensión ontológica de la sociedad al modo de un «organismo vivo» que hace desplegar sus potencialidades. Semejante despliegue acontece por la vía dialéctica de un proceso de negaciones de relaciones éticas aún no maduras, que tienden hacia un nivel más elevado de desarrollo moral.

Basándose en el modelo de Fichte, esta teleología comprende la moralidad en los términos de un reconocimiento recíproco de las identidades particulares. La conformación de la propia identidad particular de un sujeto acontece por la vía de un reconocimiento de determinadas cualidades por parte de otros sujetos. La construcción de una identidad cada vez más madura se realiza por tanto mediante la progresiva consecución de grados más elevados de reconocimiento recíproco, y este progreso toma la forma de una sucesión de etapas de conflictos y reconciliaciones. La antigua lucha por la autoconservación física, que Hobbes había hecho valer como modelo para explicar el proceso de creación de la comunidad política, es sustituida por un acontecimiento de tipo ético, es decir, por una lucha moral por el reconocimiento recíproco. Honneth se esfuerza por mostrar cómo semejante modelo sólo quedó encarnado plenamente en los escritos del periodo de Jena, especialmente en el *System der Sittlichkeit* y en la *Realphilosophie*.

En el primero de ellos, Hegel explica ya el tránsito hacia formas cada vez más elevadas de integración social recurriendo a la idea, altamente rentabilizada por el propio Honneth, de un «delito» o «violación» de las formas elementales del reconocimiento social. Ante la destrucción de una relación ética de reconocimiento, la persona violada en su identidad inicia un proceso de lucha encaminado a la consecución de una estructura más elevada, a la que Hegel da el nombre de «eticidad absoluta». Sólo a través de estos actos destructivos, dice Honneth, pueden crearse unas relaciones éticamente maduras del reconocimiento bajo cuyo presupuesto se desarrolla a su vez la identidad subjetiva. Aunque ya en el *System der Sittlichkeit* Hegel diferencia tres formas de reconocimiento —las relaciones afectivas de la familia, el reconocimiento formal-cognitivo del derecho y las relaciones más elevadas de la comunidad estatal—, será sólo en la *Realphilosophie* cuando este camino de aprendizaje adopte la conocida fórmula de la autoconstitución del Espíritu (*Geist*). A través de su progresiva alienación y retorno a sí mismo en forma de autoconciencia, el Espíritu va construyendo progresivamente toda la realidad, incluyendo el propio mundo social. En este nuevo contexto, el «reconocimiento» denota el paso cognitivo que realiza una conciencia ya conformada «idealmente» como totalidad, el momento en que «se reconoce a sí misma en otra totalidad semejante». No obstante, el conflicto, antes igual que ahora, representa una suerte de «mecanismo de colectivización social que fuerza a los sujetos a reconocerse recíprocamente en el otro ocasional»[5].

La primera forma de reconocimiento recíproco expuesta por Hegel es el amor. Esta forma elemental, que acontece en el marco de la familia, se basa en la comprensión del sujeto en tanto ser necesitado-anhelante, y constituye naturalmente el primer paso en el proceso de desarrollo de la identidad personal. Ahora bien, en esta primera fase la relación de reconocimiento es todavía incompleta, puesto que en el seno intrafamiliar el sujeto aún no experimenta aquellos conflictos que «le

5. A. Honneth, *La lucha por el reconocimiento*, cit., p. 42.

fuerzan a reflexionar acerca de normas globales y generales de reglamentación del trato social». Sólo en el contexto de una relación de lucha interfamiliar por la apropiación de determinados bienes materiales, es decir, sólo en el contexto de la sociedad civil mercantil, el sujeto puede concebirse a sí mismo como «persona dotada de derechos intersubjetivamente reconocidos». Esta segunda forma de reconocimiento se origina en un determinado conflicto, a saber, aquel en el que determinados grupos o familias tratan de apropiarse de forma exclusiva los bienes materiales disponibles. La violación del sujeto en esta relación distorsionada es explicada por Hegel en los términos de una falta de reconocimiento de su propia identidad: su lucha contra la apropiación indebida no significa una lucha por la satisfacción de necesidades materiales, sino un intento de «darse de nuevo a conocer al otro». Esta necesidad de reconocimiento, por así decirlo inherente a la socialización, sirve a Honneth para afirmar, basándose en Hegel, la *vulnerabilidad* del ser humano como base del reconocimiento: «la experiencia social de la vulnerabilidad del compañero de interacción [...] puede conferir a los individuos esa capa de relaciones de reconocimiento, cuyo núcleo normativo, en la relación jurídica, toma una forma intersubjetivamente vinculante»[6]. La lucha por el reconocimiento actúa así por vez primera como una suerte de motor normativo hacia la constitución del derecho, que es la segunda forma de reconocimiento en el sistema hegeliano. Dado que el ser humano es ante todo un ser que se apropia técnicamente de la naturaleza para reproducir su vida, el primer derecho que Hegel reivindica es el de la posesión del producto del trabajo. Por eso en esta segunda esfe-

6. *Ibid.*, p. 65.

ra, la de la sociedad civil constituida por el intercambio de mercancías, los sujetos jurídicos se reconocen mutuamente en calidad de «propietarios».

Con la aparición de delitos que lesionan la propiedad de los sujetos jurídicos surge también el motor que hace avanzar al Espíritu hacia la tercera y más elevada esfera de reconocimiento, es decir, hacia el momento del Estado. Honneth muestra cómo la construcción del sistema de derecho estatalmente instituido es explicada por Hegel recurriendo al instrumento del castigo. La reacción estatal al delito, que es un acto de lesión particular de la voluntad general, acontece como restauración de una intersubjetividad malograda, y esta restauración precisa la acción del castigo. En este momento, dice Honneth, la formación del Espíritu en su continuo enajenarse y retornar a sí accede por fin al tercer y último estadio:

Con el establecimiento de la potencia legislativa se han conformado los órganos institucionales del Estado; en ello la relación del reconocimiento jurídico se ha liberado hasta tal punto de los elementos de la vida social, es decir, de todo residuo de subjetivo albedrío, que ha llegado a la plena realización de sí mismo. [...] Y esta autorreflexión del Espíritu, en el médium de la plena realidad del derecho, es lo que constituye el proceso de formación del Estado y con ello la constitución de la eticidad[7].

En esta tercera fase de la integración social, la de la comunidad política en forma de Estado, los sujetos sociales se reconocen en las costumbres e instituciones de la comunidad, y es en este sentido que la filosofía política hegeliana, sistematizada más tarde en las *Líneas fundamentales de la filosofía del derecho*, puede ser co-

7. *Ibid.*, p. 75.

rrectamente apresada bajo la categoría de «institucionalismo»[8]. A juicio de Honneth, con su deriva hacia la fundamentación del Estado en la forma concreta existente en su época, es decir, la monarquía hereditaria, Hegel «no capta el dominio de la acción del Estado, como se hubiera podido esperar, como el lugar de realización de relaciones de reconocimiento», sino que más bien se conduce hacia la fundamentación de una autoridad que opera en forma unilateral. Honneth cree que estas nefastas consecuencias de la teoría son el resultado de ese viraje de Hegel hacia la filosofía de la conciencia, que le incapacitó para proponer un concepto de eticidad basado también en la teoría del reconocimiento. Este viraje queda culminado en la última de las obras del periodo de Jena, es decir, en la *Fenomenología del Espíritu*.

Partiendo de este modelo, Honneth se esfuerza por tanto, por rescatar, en términos posmetafísicos, ese potencial «históricamente productivo de la lucha moral» que el joven Hegel terminó por abandonar. Al modo de una corrección materialista que en un sentido diferente había sido ya operada por los jóvenes hegelianos, especialmente por Feuerbach y Marx, Honneth quiere desprenderse del problemático supuesto idealista según el cual el conflicto, que actúa como motor normativo para la realización de una forma más elevada de reconocimiento, está determinado por el *despliegue objetivo* de la razón o *autorrealización del Espíritu* en el mundo social. El proceso de formación civilizatoria, que Honneth fundamenta en el modelo de una lucha *moral* por el reconocimiento, queda así separado del «cimiento metafísico de la certeza de un acontecer racional englobante». A diferencia de lo que ocurre con el modelo te-

---

8. G. W. F. Hegel, *Líneas fundamentales de la filosofía del derecho*, Trotta, Madrid, 2025.

leologista de Hegel, en la versión que ofrece Honneth las luchas por el reconocimiento no cumplen el papel de forzar el tránsito desde una esfera de reconocimiento inferior hasta otra superior —por ejemplo, desde el amor hasta el derecho—, sino más bien el de ensanchar las propias relaciones de reconocimiento acontecidas *en el interior mismo de cada una de estas esferas*. Sirviéndose para ello de la psicología social de George Herbert Mead, Honneth desarrolla una suerte de «fenomenología empíricamente controlada de las formas de reconocimiento», que procede a confirmar a su vez empíricamente mediante una sistematización de los tres tipos de menosprecio vinculados a esas formas.

Honneth ve en la psicología social de Mead una traducción naturalista de la teoría hegeliana de la construcción de la identidad por vía del reconocimiento intersubjetivo. Apoyado en las visiones teórico-comunicacionales del pragmatismo americano, Mead había tratado de explicar las condiciones de constitución de la conciencia de sí subjetiva en términos de una dependencia intersubjetiva[9]: el sujeto adquiere conciencia de sí mismo en tanto aprende a percibir su propio actuar «a partir de la perspectiva simbólicamente representativa de una segunda persona»[10]. Pero este gesto no se limita al plano cognitivo, sino que afecta también al ámbito de la identidad práctico-moral del sujeto. En este caso, el sujeto juzga su propia acción moral desde la perspectiva normativa de un *alter ego*, y la idea que le guía en este proceso es la de una «generalización [ontogenéticamente] paulatina del 'mí'». La «autoimagen» normativa del sí mismo se ensancha en la medida en que el niño

9. G. H. Mead, *Espíritu, persona y sociedad*, Paidós, Buenos Aires, 1968.
10. A. Honneth, *La lucha por el reconocimiento*, cit., p. 95.

aprende a concebirse progresivamente desde la perspectiva de un otro cada vez más general. Mead puede explicar así la socialización como un proceso de interiorización de normas de acción «que resultan de la generalización de las expectativas de comportamiento de todos los miembros de la sociedad». Sólo tras esta interiorización de normas generales el adulto puede *reconocer* a los miembros de su sociedad y saberse a su vez reconocido por ellos.

Honneth muestra cómo Mead, a diferencia de Hegel, introduce la decisiva diferenciación entre el «mí», como conjunto de las normas sociales interiorizadas, y el «yo», como una suerte de agregado de impulsos internos que reaccionan ante las exigencias de la sociedad. Naturalmente, aquí puede verse aquella fuente de normatividad estrictamente universalista con que también Habermas había fundamentado su teoría crítica en términos discursivos: en el modelo de Mead, el sujeto «comprobará constantemente en sí impulsos de exigencias inconciliables con las normas intersubjetivamente reconocidas de su entorno social, de tal modo que debe poner en duda su propio 'mí'»[11]. Esta tensión entre la voluntad común interiorizada y las pretensiones del individuo, con la que de alguna forma Mead hace valer las aportaciones de Kant frente a Hegel, le sirve como esquema para explicar el desarrollo moral ontogenético y filogenético. Con la puesta en cuestión de las normas validadas intersubjetivamente, el lugar del otro generalizado de la comunidad de hecho existente

---

11. Como se puede ver, aquí se está produciendo la tensión entre lo que más tarde Lawrence Kohlberg denominará estadios «convencional» y «posconvencional» en el desarrollo ontogenético de la conciencia moral. Véase L. Kohlberg, «La formulación actual de la teoría», en Íd., *Psicología del desarrollo moral*, Desclée de Brouwer, Bilbao, 1992.

es ocupado por «una sociedad futura en la que presumiblemente sus pretensiones individuales podrán encontrar aprobación», es decir, en la que el reconocimiento de derechos ha sido ampliado de forma completa. La constatación de que esta comunidad contrafácticamente presupuesta no ha sido todavía satisfecha constituye para Mead el impulso que explica el proceso de desarrollo social. Aunque Mead, igual que Hegel, explica este proceso en términos de una lucha por el reconocimiento, sólo él puede dar cuenta de forma convincente de los fundamentos motivacionales de esta lucha. Estos fundamentos son explicados en términos de sentimientos negativos que empujan a los sujetos a exigir formas más ampliadas de reconocimiento.

II. SOBRE LOS DIFERENTES ESQUEMAS DE RECONOCIMIENTO Y MENOSPRECIO

Es justamente esta aportación la que Honneth quiere aprovechar para fundamentar la teoría crítica sobre una «gramática moral» de los conflictos sociales, que debe culminar, como aún veremos, en una versión «formal» o «democrática» de la eticidad hegeliana. Recogiendo la intuición fundamental de los modelos de Hegel y Mead, Honneth se propone llevar a cabo una «teoría normativa plena de contenido, cuyo objetivo consiste en explicar el proceso del cambio social por referencia a pretensiones normativas, introducidas estructuralmente en las relaciones de reconocimiento recíproco»[12]. El punto básico de la teoría social ha de ser el de que la reproducción de la vida social se cumple «bajo el imperativo de un reconocimiento recíproco», puesto que los sujetos

12. A. Honneth, *La lucha por el reconocimiento*, cit., p. 114.

sólo pueden acceder prácticamente a su propia identidad si logran adoptar la perspectiva normativa de una segunda persona. Este imperativo del reconocimiento recíproco actúa, por así decir, como una «coerción normativa» que paulatinamente fuerza a los individuos o grupos sociales a emprender luchas destinadas a la implantación de «formas ampliadas de reconocimiento recíproco institucional y cultural». Estas formas ampliadas hacen crecer a su vez, siguiendo la tesis de la individuación por socialización, la autonomía subjetiva.

El primer paso que tiene que dar Honneth para llevar a cabo su reactualización de la teoría crítica en estos términos ha de consistir, así pues, en una investigación empírica de las tres formas de reconocimiento detectadas por Hegel bajo las categorías de «amor», «derecho» y «valoración social». Esta investigación tiene que quedar conectada a su vez, y este es el segundo paso de la argumentación, con tres formas de menosprecio bajo cuya presión la lucha por el reconocimiento avanza hacia nuevos estadios.

Honneth incluye en la primera esfera de reconocimiento —el amor— todas aquellas relaciones primarias en las que, como en la familia o la amistad, aparecen lazos de tipo afectivo. Siguiendo la explicación de Hegel, Honneth argumenta que el amor representa el primer estadio de reconocimiento sólo en la medida en que «en su culminación los sujetos recíprocamente se confirman en su naturaleza necesitada y se reconocen como entes de necesidad». Ese «ser-sí-mismo en el otro», tal es la bella expresión que utiliza el propio Hegel para definir el primer estadio, es explicado aquí por la vía psicoanalítica de un recuerdo de la vivencia originaria de la relación de lactancia con la madre. La autorrelación práctica que consigue el sujeto con esta forma elemental de reconocimiento es lo que Honneth llama *autoconfianza*.

Pasando de esta forma de reconocimiento evidentemente particularista al ámbito de las relaciones sociales, el derecho o reconocimiento jurídico aparece como el segundo estadio en el desarrollo. Igual que en la familia nos entendemos a nosotros mismos como sujetos de necesidad desde la perspectiva de un otro particular, en la relación jurídica postradicional propia de las sociedades modernas nos comprendemos como portadores de derechos desde la perspectiva normativa de un «otro generalizado». Esta comprensión universalista reposa en la idea de la «dignidad absoluta» de la persona y de su autonomía para decidir racionalmente acerca de las cuestiones que la afectan. Dado que las cualidades que definen al ser humano como persona dependen de su capacidad para participar en la formación racional de la voluntad, Honneth puede entender las diversas ampliaciones del sistema de derechos como una suerte de ensanchamiento del «perímetro de las cuestiones» que pueden ser decididas democráticamente. La lucha por el reconocimiento jurídico acontece en este sentido tanto en el ámbito interno de una ampliación del contenido material de los derechos como en el ámbito externo de un alcance cada vez mayor de los sujetos que se consideran portadores de esos derechos. De igual forma que la autoconfianza era la autorrelación práctica que ganaba el sujeto tras el reconocimiento por el amor, aparece ahora el *autorrespeto* como aquella autorrelación que el sujeto adquiere tras su reconocimiento jurídico.

Ahora bien, ni en el modelo de Hegel, ni en el de Mead, ni, naturalmente, en el que Honneth quiere desarrollar basándose en ambos, el reconocimiento jurídico agota la constitución de la identidad. En los tres casos se analiza la existencia de una tercera y más amplia forma de reconocimiento, que aparece como el estadio último en el proceso de autorrelación práctica del sujeto. Esta forma ya no tiene que ver con el respeto hacia aquello que comparten todos los seres humanos en tanto que personas, sino más bien con «una valoración social que les permite referirse positivamente a sus cualidades y facultades concretas». En esta última forma de reconocimiento recíproco tiene que presuponerse la existencia de un horizonte de valores compartidos intersubjetivamente y de objetivos éticos comunes. Naturalmente que sólo en el contexto de una sociedad que ha accedido ya al nivel postradicional este tercer elemento puede adoptar una forma, por así decir, *emancipadora*, pues en las sociedades tradicionales la consideración de cada persona no puede medirse más que con relación a la irritante categoría del «honor social» vinculado al estamento. Sólo con la llegada de la modernidad y el universalismo moral-jurídico, el concepto de «honor social» da paso al de «prestigio social». La valoración social, la tercera forma de reconocimiento, refiere a aquellas cualidades que cada singular posee de forma única. Honneth explica la lucha por el reconocimiento acontecida en el interior de esta tercera esfera en unos términos que no pueden sino recordar al gesto marxista de la crítica ideológica: dado que las interpretaciones desde las que determinadas cualidades son o no valoradas socialmente como positivas dependen de «qué grupos sociales consiguen exponer públicamente en tanto que valiosas sus propias operaciones y sus formas de vida», entonces la lucha por el reconocimiento acontece como movimiento social de protesta a través del cual los grupos que quedan fuera de esas formas de vida tratan de «llamar la atención de la opinión pública sobre la significación desdeñada de las cualidades colectivamente representadas por ellos»[13]. Honneth pro-

13. *Ibid.*, p. 156.

pone la categoría de «solidaridad postradicional» como concepto director para la solución de estos conflictos, entendiendo por tal «un tipo de relación de interacción en el que los sujetos recíprocamente participan en sus vidas diferenciables, porque se valoran entre sí en forma simétrica». La forma de autorrelación práctica que el sujeto consigue tras esta tercera forma de reconocimiento, que tiene que ver con la «participación activa en la particularidad individual del otro», se denomina *autoestima*.

Tras exponer las tres formas de reconocimiento que constituyen una identidad personal individuada por socialización, y que ofrecen como productos las autorrelaciones prácticas de la autoconfianza, el autorrespeto y la autoestima, Honneth tiene que analizar, en segundo lugar, aquellas formas de ofensa bajo cuya presión la lucha por el reconocimiento avanza hacia formas cada vez más ampliadas. Las ofensas o humillaciones se refieren precisamente al menosprecio o denegación de cada una de estas formas de reconocimiento, de suerte tal que la identidad personal queda expuesta al peligro de la disolución: «las personas son lesionadas en el sentimiento positivo de sí mismas que deben ganar intersubjetivamente»[14]. El primer esquema de menosprecio, que perturba la autorrelación de autoconfianza basada en el amor, recibe el nombre de «violación». A través de él queda distorsionada la propia integridad corporal de la persona, en tanto «se le retiran violentamente todas las posibilidades de libre disposición de su cuerpo». Al dolor corporal de esta forma de menosprecio acompaña, y esto es lo significativo, «el sentimiento de estar indefenso frente a la voluntad de otro sujeto». El segundo esquema de menosprecio, que Honneth denomina

14. *Ibid.*, p. 160.

«desposesión», perturba la autorrelación de autorrespeto, en tanto al sujeto se le excluyen determinados derechos a través de los cuales se sabía un miembro de idéntico valor que el resto de miembros de su comunidad. En tercer lugar, el menosprecio que aniquila el valor social del particular o del grupo social recibe el nombre de «deshonra». La autorrelación práctica perdida con esta experiencia es la autoestima, es decir, la capacidad de sentirse un sujeto que la comunidad valora *precisamente* a causa de sus particularidades.

III. LA GRAMÁTICA MORAL DEL CONFLICTO SOCIAL

Tras la exposición de los tres esquemas de reconocimiento y menosprecio, Honneth puede proceder en tercer lugar a explicar el modo en que las experiencias de humillación enraízan en el plano afectivo de los sujetos. La tesis resulta sumamente convincente en este punto: los sentimientos negativos con que los sujetos humillados reaccionan al menosprecio o falta de reconocimiento constituyen la base afectiva en la que se funda motivacionalmente la lucha social por el reconocimiento. Honneth trata así de sacar a la luz el «eslabón psíquico intermedio que conduce del sufrimiento a la acción», puesto que ese mismo sufrimiento «informa cognitivamente a la persona concernida acerca de su situación social», es decir, acerca de la injusta privación de una forma de reconocimiento que merece. Esta toma de conciencia por la vía negativa del padecimiento de humillaciones constituye el paso primero para la lucha social: «toda reacción negativa de sentimiento que penetra con la experiencia de un desprecio de las pretensiones de reconocimiento contiene en sí de nuevo la posibilidad de que al sujeto concernido se le manifieste la injustica que se le hace y se convierta en motivo de resistencia política»[15]. Sólo partiendo de esta tesis, Honneth puede desarrollar un estudio de las luchas sociales desde el punto de vista de su gramática moral.

Saltando más allá de las modernas teorías sociales de corte hobbesiano, Honneth quiere ofrecer un concepto de lucha social que no se funda en «posiciones de intereses», sino más bien en «sentimientos morales de injusticia». La lucha social, que Honneth equipara con los movimientos sociales, queda definida como aquel proceso práctico «en el que las experiencias individuales de menosprecio se elucidan en tanto que vivencias-clave de todo un grupo, de manera que pueden influir, en tanto que motivos de acción, en las exigencias colectivas de una ampliación de las relaciones de reconocimiento»[16]. La resistencia o lucha colectiva surge entonces de la interpretación crítica de aquellos sentimientos de menosprecio que, vivenciados primero en forma sólo privada, pueden ser compartidos intersubjetivamente: «La intervención individual en la lucha política le devuelve al singular algo de su perdido autorrespeto, ya que demuestra públicamente la cualidad cuyo menosprecio es sentido como dolencia».

Es justamente en el momento en que Honneth introduce la idea de una lucha por la restitución del reconocimiento negado cuando se ve enfrentado a la cuestión de los criterios normativos en que descansa su modelo, pues es evidente que no todos los movimientos sociales responden a la lógica de una ampliación moral de las relaciones de reconocimiento.

15. *Ibid.*, p. 169.
16. *Ibid.*, p. 196.

Para distinguir en la lucha social los motivos progresistas y los regresivos, es necesaria una medida normativa que permita señalar, bajo anticipación hipotética de una situación final aproximada, una orientación del desarrollo. El espacio general de interpretación al que con ello estamos destinados, describe el proceso de formación moral sobre el que, a lo largo de una secuencia idealizada de luchas, se ha desarrollado el potencial normativo del reconocimiento recíproco[17].

Dado que son tres las formas de reconocimiento cuyo cumplimiento permite al particular articular una identidad lograda, pero dado que en el ámbito de las luchas sociales sólo cumplen un papel significativo las dos últimas, entonces Honneth tiene que apelar a la proyección de una realización suficientemente satisfecha de las relaciones de derecho y valoración social postradicional como canon para la crítica. Esta «medida» depende, pues, de una «anticipación hipotética de una situación comunicativa en la que las condiciones intersubjetivas de la integridad aparecen cumplidas». Tal y como veíamos en nuestra reconstrucción de los debates entablados por Honneth con la tradición comunitarista, esta situación sólo contrafácticamente anticipada hace referencia a una versión, por así decir, moderada de la *eticidad* hegeliana. El paso último de la argumentación de Honneth tiene que consistir entonces en ofrecer un concepto «formal» de eticidad o vida buena, como situación en que han sido satisfechas las condiciones intersubjetivas de la integridad personal. Honneth se esfuerza por mostrar, en un claro gesto de alejamiento del modelo de Habermas, que la «situación final anticipada» no tiene que ver tan sólo con un concepto de moral cortado a la medida del formalismo kantiano. Por eso utiliza la expresión, sumamente controvertida den-

17. *Ibid.*, p. 204.

tro del marco habermasiano, de un «concepto formal de vida buena». La *eticidad* no refiere a una suerte de posición universalista desde la que someter al test de la universalización las formas de vida particulares, sino más bien a un «*ethos* encarnado en un mundo de vida particular». Pero frente a lo que pudiera parecer, este alejamiento del kantismo no significa la asunción de las tesis neohegelianas o neoaristotélicas de autores como Charles Taylor o Alasdair MacIntyre. Aunque el modelo no refiere tan sólo a la autonomía moral del kantismo, sino a las condiciones de su autorrealización bajo la idea de una «vida buena», en modo alguno puede ser enmarcado dentro de la tradición comunitarista, puesto que este concepto de vida buena no tiene nada que ver con convicciones valorativas sustanciales asociadas a una forma particular de tradición. En un intento por presentarse como la síntesis dialéctica del conocido debate entre *Moralität* y *Sittlichkeit*, Honneth define el modelo en los siguientes términos:

Se trata de los elementos estructurales de la eticidad que pueden normativamente destacarse de la multiplicidad de todas las formas particulares de vida, desde el punto de vista general de la posibilidad comunicativa de la autorrealización. Por eso, el principio teórico-recognoscitivo está entre una teoría moral que retorna a Kant y las éticas comunitaristas: con la primera comparte el interés por posibles normas generales, que pueden concebirse como las condiciones de distintas posibilidades, pero con estas, la orientación al objetivo de la autorrealización humana[18].

Este concepto formal de eticidad remite al conjunto de condiciones de reconocimiento que actúan como presupuesto necesario para una autorrealización indi-

18. *Ibid.*, p. 208.

vidual completa, es decir, para una *vida lograda*. Seme-jantes formas de reconocimiento deben ser lo suficien-temente formales como para no despertar «la sospecha de representar simples sedimentaciones de interpreta-ciones concretas de la vida buena», pero lo suficiente-mente materiales como para poder decir más sobre las condiciones de autorrealización de lo que es posible de-cir desde la idea kantiana de moralidad. Esta referencia a las «formas de vida logradas» separa definitivamen-te a Honneth del modelo de Habermas, que se limita a ofrecer un procedimiento para la justificación racional de aquellas normas que operan como condición de po-sibilidad de formas de vida *no fallida*.

Haciendo valer en último lugar las reivindicaciones materialistas de la teoría crítica, Honneth trata de vin-cular su esbozo de eticidad democrática también con aquellos derechos que garantizan las condiciones ma-teriales para un disfrute de la libertad subjetiva. Por eso la meta del proceso de desarrollo histórico-social, cuya estructura ha sido analizada en términos de una «gra-mática moral» de los conflictos sociales, no ha de ser el mero reconocimiento jurídico, sino más bien un con-cepto de solidaridad «que apunta a una valoración si-métrica entre ciudadanos jurídicamente autónomos». La pregunta sobre la forma que debe adquirir la orga-nización política que dé cabida a esta eticidad postra-dicional, la pregunta sobre si las exigencias de satisfac-ción material a esta eticidad vinculadas deben conducir o no a una transformación radical de las propias estruc-turas del capitalismo, dice Honneth para concluir, tal pregunta «no es cosa de la teoría, sino del futuro de las luchas sociales».

4

MÁS ALLÁ DE LA TEORÍA DE LA LUCHA POR EL RECONOCIMIENTO

Equipado ya con los conceptos de la teoría del reconocimiento ganados desde mediados de los años ochenta, a partir de mediados de los años noventa, y hasta la actualidad, Honneth viene enfrentando una serie de problemáticas relativas a la sociología, la filosofía moral y la teoría social y política. Aunque resulta imposible ser exhaustivo en este punto, considero que una reconstrucción fiel de sus principales contribuciones al pensamiento social contemporáneo debe tener en cuenta, siquiera sucintamente, al menos los siguientes elementos: en primer lugar, el influyente estudio sobre la noción de «patología social» y su importancia en la filosofía social moderna; en segundo lugar, la aplicación de este concepto a las patologías sociales particulares que Honneth denomina «invisibilidad» y «cosificación»; en tercer lugar, la todavía más influyente discusión con Nancy Fraser en torno a la cuestión de la primacía de los elementos distributivos o recognoscitivos como núcleo de la filosofía política; en cuarto lugar, la reformulación completa de su teoría social en términos de una teoría de la libertad social sustentada en el Hegel de las *Líneas fundamentales de la filosofía del derecho*; en quinto lugar, una recuperación de la idea original del socialismo y su actualización para las sociedades contemporáneas; en sexto y último lugar, una reciente contribución a la crítica de las relaciones laborales capitalistas bajo la forma de una teoría normativa del trabajo. Dedicaré este capítulo a analizar todos estos elementos antes de estudiar, en el quinto y último capítulo, la forma en que este pensamiento puede contribuir al discurso contemporáneo sobre la justicia global.

I. PATOLOGÍAS SOCIALES

En el año 1994, Honneth publicó un trabajo que resultaría extremadamente influyente en los debates filosófico-sociales posteriores. El texto, titulado «Patologías de lo social: tradición y actualidad de la filosofía social», tiene por objetivo apresar el núcleo de la filosofía social en comparación con la filosofía política[1]. En su intento por hacerse cargo críticamente de la realidad de cada momento, la filosofía social ha operado siempre, tal es la tesis de Honneth, mediante la formulación de diagnósticos sobre las patologías sociales derivadas de alguno de los elementos de la sociedad moderna.

Desde un punto de vista histórico-filosófico, Honneth cree que la filosofía social, como disciplina encar-

---

1. A. Honneth, «Patologías de lo social: tradición y actualidad de la filosofía social», en Íd., *La sociedad del desprecio*, cit., pp. 75-126. Podemos considerar estas tempranas reflexiones sobre la naturaleza de la filosofía social como un equivalente de las reflexiones aportadas por Max Horkheimer en el discurso pronunciado con motivo de su nombramiento como director del Institut für Sozialforschung en 1931. Véase M. Horkheimer, «Die gegenwärtige Lage der Sozialphilosophie und die Aufgaben eines Instituts für Sozialforschung», en Íd., *Sozialphilosophische Studien. Aufsätze, Reden und Vorträge 1930-1972*, Fischer, Fráncfort d. M., 1981, pp. 33-46.

gada de formular diagnósticos sobre patologías sociales, encuentra su origen en la crítica de la civilización emprendida por Rousseau en el famoso *Discurso sobre los orígenes de la desigualdad entre los hombres*. A diferencia de lo que ocurría en la filosofía política inmediatamente anterior, representada en las figuras de John Locke y Thomas Hobbes, Rousseau ya no indaga las condiciones de una organización social justa, sino que «explora las limitaciones que la nueva forma de vida [moderna] impone a la autorrealización del ser humano»[2]. A la base de esta crítica de la civilización se encuentra el ideal normativo de una supuesta esencia humana original no alienada, que Rousseau busca en un estado de naturaleza hasta el momento nunca correctamente comprendido[3].

Según Honneth, esta forma de proceder es proseguida por el Hegel de la *Filosofía del derecho*. A diferencia de Rousseau, Hegel experimenta como patológico en la vida social moderna «el efecto destructivo que parte del proceso de aumento desmesurado del particularismo individual». Pero, pese a esta diferencia, Hegel comparte con Rousseau la idea de que los procesos de modernización pueden amenazar las condiciones de una vida buena. Si el modelo de «salud social» en el que Rousseau hacía reposar su crítica de la civilización apuntaba a un estado de naturaleza no alienado, en el caso de Hegel este criterio apunta a la idea de «libertad social», que únicamente puede ser realizada en las ins-

2. A. Honneth, «Patologías de lo social: tradición y actualidad de la filosofía social», cit., p. 78.
3. J. J. Rousseau, *Discurso sobre las ciencias y las artes. Discurso sobre el origen de la desigualdad entre los hombres*, Alianza, Madrid, 2012. Para la noción de patología social en Rousseau, véase F. Neuhouser, «Rousseau und die Idee einer 'pathologischen' Gesellschaft»: *Politische Vierteljahresschrift* 53/4 (2012), pp. 628-645.

tituciones de la *Sittlichkeit* como estadio final de la filosofía de la historia.

Como es sabido, fue Marx quien prosiguió el proyecto de la filosofía dialéctica de la historia, aunque esta vez desde parámetros materialistas. Él constituye, en este sentido, el tercer eslabón en el surgimiento de la filosofía social como crítica de las patologías sociales. También Marx, como Rousseau y Hegel, observa las patologías en cuanto «desarrollos sociales contrarios al destino de una autorrealización humana», aunque en este caso la noción de ser humano y autorrealización en el que se basa refiere fundamentalmente al concepto de trabajo. Si bien ya Rousseau y Hegel habían dirigido su crítica a los problemas derivados de la economía, sólo en Marx encontramos un análisis exhaustivo de los procesos patológicos insertos en el propio modo de producción capitalista. La postulada armonía de la sociedad burguesa resulta ser, bajo la perspectiva de la crítica de la economía política, un concepto ideológico que legitima las perturbaciones del mundo social.

El cuarto y último eslabón de este surgimiento de la filosofía social lo encuentra Honneth en Nietzsche. También Nietzsche percibió la vida social de la época como «fundamentalmente perturbada», y también él usó el léxico de las patologías sociales de forma explícita[4]. Nietzsche protesta contra *todos* los elementos que definen la modernidad política y cultural: desde la moral y el derecho universalistas hasta la comprensión objetivista de la ciencia, pasando por la igualdad jurídica y la democracia. Por lo demás, el estándar normativo de la crítica nietzscheana de la cultura apela a una «existencia que refuerza la acción de un horizonte de

---

4. Para esto véase F. Neuhouser, «Nietzsche on Spiritual Illness and Its Promise»: *Journal of Nietzsche Studies* 45/3 (2014), pp. 293-314.

valores optimistas ante la vida»[5]. A la sociedad patológica se le opone ahora una forma de organización sociocultural en la que se ha producido la *transvaloración de los valores*.

Es común a estos cuatro estadios de la filosofía social moderna la convicción de que el proceso de modernización genera formas de patología social que no tienen que ver exclusivamente o en absoluto con una distribución injusta de recursos, sino más bien con un impedimento de la autorrealización del individuo. Todos ellos se esfuerzan por ofrecer un contraste normativo sobre el cual hacer resaltar las respectivas patologías, ya sea mediante algún tipo de filosofía de la historia o mediante alguna forma de antropología normativa. Semejante estrategia puede encontrarse también en los diagnósticos sociológicos de principios del siglo XX, como se ve en los casos de Simmel, Durkheim o Weber, así como en el tipo de crítica del autoritarismo practicada por la primera generación de la Escuela de Frankfurt durante los años treinta, cuarenta y cincuenta. Aunque la filosofía social contemporánea, la que arranca hacia los años cincuenta del pasado siglo y llega hasta la actualidad, no se agota ni mucho menos en la teoría crítica de la sociedad, sino que incluye importantes aportaciones de tradiciones como la republicana (Hannah Arendt), la comunitarista (Charles Taylor) o la posestructuralista (Michel Foucault), lo cierto es que el lenguaje de las patologías sociales, y sobre todo la reflexión sobre la noción misma de patología social, ha sido adoptado muy especialmente por la teoría crítica de la sociedad contemporánea. En las últimas décadas hemos asistido, sin duda como consecuencia de la pu-

---

5. A. Honneth, «Patologías de lo social: tradición y actualidad de la filosofía social», cit., p. 93.

blicación del texto de Honneth, a un curioso giro auto-rreflexivo de esta tradición de pensamiento. La teoría crítica contemporánea procede, en este sentido, a una fecunda tematización de sí misma, operando el camino que va desde la teoría crítica de la sociedad hasta la teoría social de la crítica[6].

Desde un punto de vista filosófico, el elemento más interesante de la teoría de las patologías sociales, recientemente desarrollada de forma sistemática por Frederick Neuhouser[7], tiene que ver con el tipo de criterio normativo a que cada diagnóstico apela a fin de procurarse su propia fundamentación. Tal y como lo expresa Honneth, «sólo se puede hablar de una 'patología' de la vida social cuando existen ciertas suposiciones sobre cómo tendrían que ser constituidas las condiciones de la autorrealización humana», de suerte que el discurso sobre las patologías sociales exige «una idea de normalidad que se refiere a la vida social en su totalidad»[8]. Esta idea de normalidad puede ser buscada o bien mediante una investigación antropológica sobre un estado de naturaleza no perturbado, o bien mediante la anticipación de un estado emancipado en términos de filosofía de la historia. Sea como fuere, en ambos casos la idea de patología social se orienta de acuerdo con el criterio *ético* de una autorrealización humana, y no de acuerdo con el criterio *moral*, propio

---

6. Véanse en este sentido, por ejemplo, las siguientes publicaciones: R. Jaeggi y T. Wesche (coords.), *Was ist Kritik?*, cit.; R. Celikates, «From Critical Social Theory to a Social Theory of Critique: On the Critique of Ideology after the Pragmatic Turn»: *Constellations* 13/1 (2006), pp. 21-40.

7. F. Neuhouser, *Diagnosing Social Pathology: Rousseau, Hegel, Marx, and Durkheim*, Cambridge University Press, Cambridge, 2022.

8. A. Honneth, «Patologías de lo social: tradición y actualidad de la filosofía social», cit., p. 115.

de la filosofía política liberal, de una justicia entendida como equidad[9].

En un artículo posterior titulado «Una patología social de la razón. Sobre el legado intelectual de la Teoría Crítica», Honneth ha recuperado la reflexión sobre las patologías sociales con el objetivo de dar con el núcleo que define el tipo de diagnóstico practicado por la teoría crítica[10]. La tesis de partida es que la teoría crítica puede aún hoy perseverar en su defensa de una «mediación de teoría e historia en el concepto de una razón socialmente activa», si bien no ya al modo en que lo hizo el hegelianismo de izquierdas, es decir, al modo de una filosofía de la historia construida como metarrelato. En todos los estadios de la teoría crítica, desde Horkheimer hasta la teoría de la acción comunicativa de Habermas, el pasado histórico debe entenderse «como un proceso de formación cuya deformación patológica por parte del capitalismo sólo puede superarse si los implicados inician un proceso de ilustración». Honneth cree que esta idea de una patología social de la razón, es decir, de una falta de racionalidad en la sociedad, tiene aún carga explosiva en el pensamiento actual. La teoría crítica ha entendido siempre que, bajo las condiciones sociales efectivamente existentes, las posibilidades de realizar una vida lograda aparecen cercioradas. Semejante punto de partida implica, tal y como explica Honneth, la diferenciación, ya sea de forma explícita o implícita,

9. La noción honnethiana de patologías sociales despertó un interesante debate en el seno de la teoría crítica a comienzos de la década pasada. Véase Ch. Zurn, «Social pathologies as second-order disorders», en D. Petherbridge (ed.), *Axel Honneth: Critical Essays*, cit.; F. Freyenhagen, «Honneth on Social Pathologies: a Critique»: *Critical Horizons* 16/2 (2015), pp. 131-152.

10. A. Honneth, «Una patología social de la razón. Sobre el legado intelectual de la Teoría Crítica», cit., pp. 27-51.

entre condiciones patológicas y condiciones no patológicas de la sociedad. Todos los autores de la teoría crítica tienen que presuponer normativamente «una constitución de las condiciones sociales que estaría intacta si garantizara a todos los miembros la oportunidad de lograr la autorrealización»[11]. Se formule de una forma u otra, todos ellos entienden que la fuente principal de la patología social reside en una carencia o distorsión de la racionalidad, de suerte que la eliminación de la patología aparece como proceso de realización histórica de la razón. Retrotrayendo este proceder hasta la filosofía del derecho de Hegel, Honneth cree que en todos estos casos las patologías sociales son en último término el resultado de la incapacidad de la sociedad para expresar correctamente en las instituciones y prácticas sociales «un potencial de razón que ya está latente en ellas»[12].

Nos encontramos, como podemos ver, ante el punto de arranque de la crítica inmanente, esa forma particular de crítica propia de la teoría crítica. Por lo demás, en esta estrategia Honneth quiere localizar el núcleo ético de toda la teoría crítica, un núcleo en ocasiones oculto tras premisas antropológicas o filosófico-históricas. El objetivo es siempre perfilar el modo de razón cuyo desarrollo histórico posibilitaría, de no ser paralizado por perturbaciones patológicas, una integración racional, y por tanto justa, de la sociedad. Tales perturbaciones o desviaciones se pueden entender como patologías sociales en la medida en que «tienen que ir acompañadas de una pérdida dolorosa de oportunidades de autorrealización intersubjetiva»[13]. Lo común a todos los autores de la teoría crítica es, pues, la noción ética de

11. *Ibid.*, p. 30.
12. *Ibid.*, p. 31.
13. *Ibid.*, p. 33.

una forma de organización social en la que los sujetos puedan autorrealizarse a través de interacciones inter-subjetivas. La autorrealización individual está siempre ligada al presupuesto de «una praxis común que sólo puede ser el resultado de la realización de la razón». Si las patologías son interpretadas como la paralización del potencial de racionalidad disponible ya en cada caso, entonces la terapia adecuada para superar dichas pato-logías debe proceder de «esa misma razón cuya reali-zación está siendo impedida por la forma de organiza-ción social del capitalismo»[14]. Ahora bien, ¿de dónde proceden exactamente los impulsos subjetivos destina-dos a quebrar esta falsa conciencia, ya se defina esta en términos de contexto de ofuscación (Adorno), de unidimensionalidad (Marcuse) o de conciencia tecno-crática (Habermas)? De acuerdo con la interpretación de Honneth, la teoría crítica toma de Freud la idea de que las patologías sociales se expresan siempre en for-mas particulares de *sufrimiento*. Si la patología social menoscaba las facultades racionales del sujeto, ese me-noscabo es vivenciado siempre como sufrimiento. Mo-viéndose en el terreno freudiano, la teoría crítica pue-de entonces deducir que «el grado de sufrimiento insta a una curación precisamente por medio de las capaci-dades racionales cuya función fue menoscabada por la patología». El interés por la emancipación, sustentado precisamente en la vivencia del sufrimiento, constituye entonces, junto con la idea de una razón históricamen-te operante y la de una patología social que paraliza la posibilidad de autorrealización ética de los individuos, el núcleo último de la teoría crítica.

Estos comentarios deberían bastar para hacernos cargo de la teoría honnethiana de las patologías socia-

14. *Ibid.*, p. 45.

les. A fin de ilustrar estas reflexiones con contenidos concretos, voy a dedicar la siguiente sección a exponer dos ejemplos de patologías sociales diagnosticadas por Honneth desde las categorías de la teoría del reconocimiento.

II. LA INVISIBILIDAD Y LA COSIFICACIÓN COMO PATOLOGÍAS SOCIALES

En un artículo publicado en el año 2003 bajo el título de «Invisibilidad. Sobre la epistemología moral del reconocimiento», Honneth aterriza su teoría de las patologías sociales en una perturbación patológica concreta de la vida social, a saber, la invisibilidad. Honneth comienza describiendo el fenómeno de la invisibilización como un «hacer desaparecer, que aparentemente no tiene que ver con la no presencia física, sino con la no existencia en un sentido social»[15]. Honneth parte de este sentido metafórico del concepto de invisibilidad para trazar una fenomenología de la invisibilidad que ayude a aclarar el hecho del reconocimiento desde una perspectiva epistemológica. Para ello comienza diferenciando el significado literal del concepto de invisibilidad de su sentido figurado, para a continuación abordar el significado del reconocimiento a esta luz.

En su sentido figurado, que es naturalmente el que aquí nos interesa, el gesto de invisibilización que *ego* practica frente a un *alter* físicamente presente puede ser entendido como un «mirar a través» (*looking through*) mediante el cual *ego* tiene como propósito fundamental dar a entender una forma de desprecio o falta de re-

---

15. A. Honneth, «Invisibilidad. Sobre la epistemología moral del reconocimiento», en *La sociedad del desprecio*, cit., p. 166.

94

conocimiento. Si en su sentido literal la invisibilidad es la contrapartida negativa de la perceptibilidad sensible de un objeto, en su sentido figurado es la contrapartida negativa del reconocimiento, que Honneth caracteriza aquí fenomenológicamente como «la exteriorización de reacciones determinadas, que son un signo, una expresión de que [el sujeto] es tomado positivamente en consideración»[16]. Estas exteriorizaciones pueden manifestarse en reacciones sencillas como una sonrisa, una mirada cómplice o el esfuerzo por recordar el nombre propio de las personas con las que nos encontramos en la vida cotidiana. La supresión de semejantes reacciones opera como una forma de invisibilización solamente porque poseemos un conjunto de presuposiciones culturales de lo que significa, en nuestro particular mundo de la vida, *reconocer* a otra persona en su sentido estrictamente social. «Hacer visible» a una persona, en su sentido figurado, significa entonces darle a entender que ha sido tomada en consideración favorablemente. La invisibilidad social representa así una forma de menosprecio moral, pues al sujeto se le niega el reconocimiento de ser un objeto con valor inteligible[17].

Algo diferente significa la reificación o cosificación, una forma de patología social que Honneth interpreta también desde las categorías de la teoría del reconocimiento en un pequeño libro de 2005 titulado *Reificación*. Honneth recupera aquí un concepto central del marxismo occidental, utilizado de forma sistemática por Lukács, Adorno, Horkheimer y Habermas en sus res-

16. *Ibid.*, p. 169.

17. Para un estimulante estudio reciente sobre la patología de la invisibilización y su relación con el sufrimiento como concepto central de la teoría crítica, véase B. Herzog, *Invisibilization of Suffering*, Palgrave Macmillan, Londres, 2020.

pectivas interpretaciones de Marx y Weber[18]. Aunque, ciertamente, la recuperación de este concepto está motivada por la aparición de fenómenos nuevos en los que, como los vientres de alquiler, el mercado de las relaciones amorosas o la aproximación neurocientífica a los contenidos de la conciencia, su potencial analítico es evidente, Honneth aborda la cuestión desde un punto de vista filosófico altamente abstracto. Su propósito es mostrar que el análisis lukacsiano de la reificación, emprendido, como es sabido, en términos de ontología social, no resulta ya convincente en las condiciones presentes. Lukács interpreta la reificación como un fenómeno derivado de la generalización de la forma mercancía en el capitalismo moderno: «puede descubrirse en la estructura de la relación mercantil», dice Lukács en las impresionantes primeras páginas del primer capítulo de *Historia y conciencia de clase*, «el prototipo de todas las formas de objetividad y de todas las correspondientes formas de subjetividad que se dan en la sociedad burguesa»[19]. Esta tesis, de naturaleza ontológica, significa en último término que la totalidad de objetos del mundo, incluido ese particular objeto que es el sujeto, son abordados en las condiciones de la sociedad capitalista *como si fueran* una cosa. Honneth ve muy bien que este diagnóstico no posee un carácter moral, sino estrictamente ontológico: el hábito de habérnoslas con la totalidad del mundo atribuyéndole el carácter de coseidad (*Dinghaftigkeit*) no es moralmente incorrecto, sino «una praxis fallida enteramente». En la medida en que

18. Véase G. Lukács, *Historia y conciencia de clase*, Grijalbo, México, 1969; Th. W. Adorno y M. Horkheimer, *Dialéctica de la Ilustración*, cit.; Th. W. Adorno, «La crítica de la cultura y de la sociedad», en Íd., *Prismas*, Ariel, Barcelona, 1962; J. Habermas, *Teoría de la acción comunicativa*, cit.

19. G. Lukács, *Historia y conciencia de clase*, cit., p. 7.

semejante tesis requiere, como es natural, contar con una idea aproximada de lo que sería «una forma más original o mejor de praxis humana», la tesis de Lukács contiene también implicaciones normativas.

A Honneth le preocupa justamente esta cuestión. Su interés pasa por rastrear los lugares en los que Lukács perfila, siquiera de forma asistemática o tentativa, la idea de una «praxis correcta» o «verdadera» a fin de someterla a una actualización que prescinda de algunos supuestos a su juicio inasumibles. Honneth localiza algunos pasajes en los que Lukács interpreta la figura de una praxis humana correcta recurriendo a la idea de una «participación activa» y un «compromiso existencial» con los objetos que nos rodean. Esta idea, que Honneth relaciona sorprendentemente con los conceptos de «compromiso práctico» y «cura» (*Sorge*) propuestos, respectivamente, por John Dewey y Martin Heidegger en sus críticas al esquema epistemológico «sujeto-objeto», es aprovechada por Honneth para ofrecer una interpretación alternativa de la «praxis correcta» sustentada, como podemos intuir, en el concepto hegeliano del reconocimiento. La tesis de Honneth resulta clara y consecuente con su marco de pensamiento: «en la relación del hombre consigo mismo y con el mundo, una postura de apoyo, de reconocimiento, precede, tanto en lo genético como en lo categorial, a todas las otras actitudes»[20]. Esto significa que existe una implicación existencial subyacente a nuestra cosificación de los objetos del mundo, de suerte tal que esta cosificación puede ser interpretada, empleando una expresión de Th. W. Adorno, como un «olvido del reconocimiento».

20. A. Honneth, *Reificación. Un estudio en la teoría del reconocimiento*, Katz, Buenos Aires, 2007, p. 51.

III. ¿REDISTRIBUCIÓN O RECONOCIMIENTO?

Durante el último tercio del siglo XX, las democracias liberales de Occidente vieron surgir un «nuevo» tipo de movimientos sociales cuya novedad consistía, de acuerdo con algunas interpretaciones, en dejar de lado las reivindicaciones redistributivas típicas de la izquierda socialista para abrazar luchas relacionadas con lo que podemos denominar «política del reconocimiento» o «política de la identidad», especialmente las vinculadas con las mujeres y los grupos culturalmente minoritarios[21]. En este contexto, la idea de «reconocimiento», que había jugado un rol decisivo en la filosofía social y moral hegeliana, fue resucitada durante los años noventa por algunos filósofos que, bebiendo directamente de Hegel, creían poder dar cuenta de esta nueva situación social[22]. Como demuestra no sólo la realidad socioeconómica, sino también la inmensa cantidad de literatura sobre teorías de la justicia igualitaria que proceden del contexto rawlsiano[23], sería sin embargo un error deducir de este cambio de paradigma la desaparición de las injusticias relacionadas con la distribución de recursos. Más aún, como es obvio, en el contexto de un neoliberalismo que amenaza con desgastar los antiguos amortiguadores con que el Estado social pudo todavía en las décadas de posguerra domesticar los efectos desiguali-

21.   Para este giro, véase D. Miller, *Filosofía política: una breve introducción*, Alianza, Madrid, 2011, cap. 6.
22.   Además de, por supuesto, Axel Honneth, el otro gran representante del paradigma neohegeliano del reconocimiento durante los años noventa fue Charles Taylor. Véase Ch. Taylor, *El multiculutralismo y «la política del reconocimiento»*, cit.
23.   Véase, entre nosotros, la reciente y formidable contribución de Jesús Mora a este debate: J. Mora, *¿Igualdad para qué? Una propuesta de igualitarismo pluralista para el siglo XXI*, Dykinson, Madrid, 2022.

tarios del capitalismo. En este marco, en el año 2003 Axel Honneth y Nancy Fraser mantuvieron un estimulante debate en torno a la relación entre los paradigmas de la redistribución y del reconocimiento. Este debate sirvió a Honneth para perfilar algunas de las aristas todavía excesivamente romas de su teoría de la lucha por el reconocimiento, por lo que merece la pena detenerse un poco a analizarlo. Presentaré en primer lugar la principal contribución de Fraser a la discusión, haciendo hincapié en su crítica al paradigma del reconocimiento representado por Honneth. Tras ello, reconstruiré la respuesta que ofrece Honneth, centrándome en la manera en que dicha respuesta arroja luz sobre algunos elementos oscuros de su teoría del reconocimiento.

La tesis de partida de Fraser es que la disyuntiva entre una política de clases orientada por el paradigma de la redistribución y una política de la identidad orientada por el paradigma del reconocimiento es en realidad una falsa antítesis, pues una noción suficientemente compleja de justicia exige en la actualidad tanto la redistribución como el reconocimiento. Así pues, su intención es «integrar en un único marco global los aspectos emancipadores de las dos problemáticas», diseñando «una concepción bidimensional de la justicia que pueda integrar tanto las reivindicaciones defendibles de igualdad social como las del reconocimiento de la diferencia»[24]. Esto no significa, por supuesto, que ambos paradigmas deban confundirse entre sí. El paradigma de la redistri-

<hr />

24. N. Fraser, «La justicia social en la era de la política de la identidad: redistribución, reconocimiento y participación», en N. Fraser y A. Honneth, *¿Redistribución o reconocimiento?*, Morata, Madrid, 2006. Veáse también a este respecto N. Fraser, «La política feminista en la era del reconocimiento: una aproximación bidimensional a la justicia de género», en Íd., *Fortunas del feminismo*, Traficantes de Sueños, Madrid, 2015, cap. 6.

bución y el del reconocimiento pueden contrastarse en al menos cuatro aspectos: la diferente concepción de lo que significa una injusticia, socioeconómica en un caso y cultural en el otro; la diferente propuesta de solución a dichas injusticias, a través de una reestructuración económica en un caso y a través de un cambio cultural-simbólico en el otro; las diferentes colectividades agraviadas a las que se apela, ya sea la clase social o los grupos de estatus definidos por patrones de valor cultural; y las distintas ideas sobre lo que significan las diferencias de grupo, ya sean injusticias resultado de la posición que cada uno ocupa en el modo productivo o «variaciones culturales benignas» a las que una valoración injusta ha trocado en jerarquías de estatus[25]. En este sentido, cada uno de los dos paradigmas ha de ser tratado como expresión de una perspectiva particular de la justicia social, una perspectiva que, de hecho, puede aplicarse a cualquier movimiento social.

En los casos típicos ideales pareciera como si determinados movimientos sociales se ajustaran exclusivamente a uno u otro de los paradigmas presentados. En la lucha de clases, estilizada por el pensamiento marxista hasta depurarla de cualquier residuo superestructural, la división social parece responder únicamente a una estructura económica injusta, de suerte que la injusticia tendría que ver con la mala distribución de recursos. En la lucha de las minorías étnicas pareciera, por el contrario, como si la división social enraizara tan sólo en lo que Fraser llama «orden de estatus» de la sociedad, de suerte que las injusticias se derivarían en este caso de determinados patrones institucionalizados de

---

25. N. Fraser, «La justicia social en la era de la política de la identidad: redistribución, reconocimiento y participación», en N. Fraser y A. Honneth, *¿Redistribución o reconocimiento?*, cit., p. 24.

valor cultural. Ahora bien, la complejidad social desmiente este cuadro tan simplista. Los grupos desfavorecidos nunca se ajustan totalmente a ninguno de estos dos extremos, sino que más bien integran dentro de sus formas de opresión elementos que proceden tanto de la injusta distribución de recursos como de las formas deficientes de reconocimiento social. Los grupos «bidimensionalmente subordinados», tal es la feliz expresión que utiliza Fraser, padecen tanto una mala distribución como un reconocimiento erróneo, de suerte que la lucha social ha de apelar en estos casos, en realidad típicos, tanto a la política de la redistribución como a la del reconocimiento de la identidad. Como ejemplo paradigmático de esta «interseccionalidad», Fraser recurre a la opresión relacionada con el género. El género incluye elementos relacionados tanto con la distribución —por ejemplo, la separación entre trabajo productivo y trabajo reproductivo o doméstico no remunerado[26]— como con el reconocimiento —por ejemplo, el androcentrismo, entendido como un «patrón institucionalizado de valor cultural que privilegia los rasgos asociados con la masculinidad» y devalúa los asociados con la feminidad—. Este tipo de opresiones, que encontramos también en casos como la raza, la orientación sexual o la propia clase social, refutan la antítesis entre redistribución y reconocimiento, y ofrecen razones convincentes en favor de la necesidad de elaborar un enfoque bidimensional.

A fin de construir este nuevo enfoque, lo primero que hace Fraser es ubicar el paradigma del reconocimiento dentro del marco filosófico-moral deontoló-

---

26.   Para esto véase la crítica de las feministas socialistas: S. Federici, *El patriarcado del salario*, Traficantes de Sueños, Madrid, 2018; L. Fortunati, *El arcano de la reproducción*, Traficantes de Sueños, Madrid, 2023.

gico, es decir, dentro de lo que la filosofía moral llama
«cuestiones de justicia» frente a las «cuestiones de autorrealización» o «vida buena». Este es, en verdad, un
alejamiento decisivo con respecto al modelo de Honneth, que como sabemos había interpretado el ser reconocido por el otro como una condición necesaria para
alcanzar una autorrelación no malograda. De acuerdo
con la interpretación de Fraser, la falta de reconocimiento no distorsiona la autorrealización ética del sujeto. Antes bien, rechazamos la falta de reconocimiento sencillamente porque «es [moralmente] injusto que
a algunos individuos y grupos se les niegue el estatus
de interlocutores plenos en la interacción social como
consecuencia sólo de unos patrones institucionalizados
de valor cultural»[27]. Este modelo permite, a juicio de
Fraser, solventar algunos problemas de la teoría del reconocimiento de Honneth: en primer lugar, sitúa las
reivindicaciones de reconocimiento como moralmente
vinculantes en el contexto de una sociedad axiológica-
mente plural; en segundo lugar, remite las patologías a
relaciones o prácticas sociales que institucionalizan patrones de valor cultural que impiden lo que Fraser llama
«paridad de participación», en lugar de en la psicología
individual; en tercer lugar, facilita la integración de las
reivindicaciones de reconocimiento con las de redistribución de recursos en un marco normativo común, a
saber, el de la moral deontológica.

Esto no significa, como es natural, que las luchas
por el reconocimiento deban ser subsumidas en el paradigma de la redistribución. Significa, antes bien, que
ambas formas de reivindicación social pueden ser consi-

---

27. N. Fraser, «La justicia social en la era de la política de la identidad: redistribución, reconocimiento y participación», en N. Fraser y
A. Honneth, *¿Redistribución o reconocimiento?*, cit., p. 36.

deradas dentro de un marco bidimensional de la justicia al que Fraser llama «paridad participativa». De acuerdo con esta suerte de metanorma, la justicia exige «unos acuerdos sociales que permitan que todos los miembros (adultos) de la sociedad interactúen en pie de igualdad». La posibilidad de la paridad participativa requiere, por una parte, una distribución de recursos tal que quede garantizado el acceso de todos los participantes a la discusión pública; y, por la otra, que los patrones institucionalizados de valor cultural expresen el suficiente respeto a todos los participantes como para garantizar las mismas oportunidades a la hora de acceder a la estima social. A diferencia de Honneth, que a juicio de Fraser no cuenta con un criterio normativo para diferenciar entre reivindicaciones legítimas e ilegítimas de reconocimiento, la idea de una paridad participativa actúa aquí como norma suprema de evaluación de reivindicaciones que se dan tanto en el terreno económico como en el cultural.

Como vemos, el punto de partida de Fraser es una especie de temor a que las tendencias políticas actuales, masivamente centradas en el paradigma del reconocimiento, terminen por restar la importancia debida a las luchas por la redistribución, socavando al mismo tiempo la posibilidad de un proyecto capaz de integrar ambas perspectivas de forma compleja. La colonización de la política de la redistribución por parte de la política del reconocimiento, por usar el léxico habermasiano del que sin duda Fraser es heredera, presenta riesgos nada desdeñables, entre los que cabe mencionar la cosificación de identidades colectivas, la desatención de la desigualdad económica y la exclusión de actores sociales relevantes en la lucha social contemporánea. Por eso Fraser apuesta por el diseño de una síntesis teórica de consideraciones materiales y culturales de la justicia.

El punto de partida de la respuesta de Honneth hay que ubicarlo justamente en la negación de esta apuesta: «mi tesis», dice Honneth, «es que un intento de renovar las reivindicaciones globales de la teoría crítica en las condiciones presentes se orienta mejor a través del marco categorial de una teoría suficientemente diferenciada del reconocimiento»[28]. A fin de probar esta tesis, Honneth procede en primer lugar a criticar la forma en que Fraser conceptúa la actualidad de los movimientos sociales. Tres son, a su juicio, los «retoques» o estilizaciones que Fraser tiene que operar en su imagen de los actuales movimientos sociales para adecuarla a su modelo. En primer lugar, en su intento por vincular la teoría crítica de manera excesivamente directa con los movimientos sociales existentes, Fraser solamente tematiza aquellas luchas que han conseguido ya notoriedad pública. Este gesto le conduce a la tesis de que las sociedades actuales están marcadas sobre todo por «conflictos sociales impulsados por las demandas de reconocimiento cultural». Ahora bien, una teoría crítica de la sociedad que apoye únicamente aquellas reivindicaciones que han logrado pasar el filtro de la irrelevancia en la esfera pública política corre el riesgo de «ratificar de manera precipitada el nivel preponderante de conflicto político-moral de una determinada sociedad»[29]. Esto excluiría otras formas de sufrimiento social que, como consecuencia de no haber alcanzado aún el umbral suficiente de notoriedad pública, no son consideradas como «movimientos sociales». Siguiendo al Bourdieu de *La miseria del mundo*[30], Honneth incluye entre

---

28. A. Honneth, «Redistribución como reconocimiento: respuesta a Nancy Fraser», en N. Fraser y A. Honneth, cit., p. 91.

29. *Ibid.*, p. 93.

30. P. Bourdieu, *La miseria del mundo*, Akal, Madrid, 1999.

estas formas no tematizadas de sufrimiento casos como la feminización de la pobreza, el desempleo de larga duración o el empobrecimiento de la economía rural. En este sentido, Honneth cree que es necesario contar con un aparato conceptual independiente de los movimientos sociales si es que queremos ser capaces de «tematizar situaciones socialmente injustas a las que no se haya prestado hasta el momento atención pública». Por supuesto, este aparato conceptual independiente lo ofrece la teoría de la lucha por el reconocimiento. En segundo lugar, en su estilización de la situación de lucha social contemporánea, Fraser tiene además que excluir de los movimientos orientados por el reconocimiento identitario aquellos que, como los grupos racistas y nacionalistas, afirman su identidad colectiva excluyendo agresivamente a los así considerados «extraños». En tercer lugar, Fraser asume de forma irreflexiva un relato sobre la cronología de los movimientos sociales que, en realidad, no resulta en absoluto evidente. De acuerdo con este relato, que procede del Taylor de *El multiculturalismo y «la política del reconocimiento»*, en la historia de los movimientos sociales habrían existido dos fases consecutivas, a saber, una de tipo redistributivo y otra de tipo recognoscitivo. De acuerdo con Honneth, este relato falsea la historia. Podemos remontarnos a episodios como la resistencia anticolonial, el movimiento ilustrado por la emancipación de la mujer o las luchas de los afroamericanos contra la esclavitud para hallar precursores históricos de la política de la identidad. Si unimos estos tres «retoques», entonces resulta evidente que el diagnóstico del que parte Fraser es, en realidad, un «artificio sociológico».

Sobre la base de esta refutación empírica, especialmente la refutación del primero de los tres «retoques», Honneth quiere hacer valer las virtudes del modelo de la lucha por el reconocimiento. Este modelo logra, a su juicio, introducir en la teoría crítica un marco categorial independiente de los movimientos sociales realmente existentes capaz de hacerse cargo de *cualquier* forma de sufrimiento específicamente social[31]. Pero lo hace precisamente implantando en la teoría social el elemento que Fraser considera más problemático de la teoría del reconocimiento: la psicología moral. Como ya sabemos, en Honneth los sentimientos morales de menosprecio cumplen el papel de informar motivacionalmente a los sujetos oprimidos sobre la falta de reconocimiento *debido*. En este «debido» se encuentra, en realidad, el elemento filosóficamente más apremiante de todo el modelo, pues con esta expresión Honneth quiere significar que la sociedad puede en ocasiones defraudar unas expectativas que el sujeto considera *legítimas*. Esta idea requiere, por de pronto, contar con «una precomprensión conceptual de las expectativas normativas que debemos suponer con respecto a los miembros de una sociedad». Llegados a este punto, resultará probablemente innecesario decir que esta precomprensión la ofrece precisamente la tesis de la individuación por socialización: lo que los sujetos esperan de la sociedad es, ante todo, «el reconocimiento de sus reivindicaciones de identidad»[32]. En este sentido, el creciente protagonismo del marco conceptual del reconocimiento no se debe, a diferencia de lo que cree Fraser, a que dicho marco se compadezca con un «nuevo» tipo de movimientos sociales identitarios. Su actualidad reside más bien en que es capaz de funcionar como el paradigma

---

31. Para la idea del sufrimiento específicamente social, véase E. Renault, *Sofriments socials*, Institució Alfons el Magnànim, Valencia, 2022.
32. A. Honneth, «Redistribución como reconocimiento: respuesta a Nancy Fraser», cit., p. 103.

mejor desde el que interpretar las experiencias sociales de injusticia en su conjunto, incluidas las relativas a la injusta distribución de recursos materiales.

Contrariamente a lo que defiende Fraser, también las desigualdades materiales se pueden interpretar «como expresión de la violación de las reivindicaciones bien fundamentadas del reconocimiento»[33]. A fin de interpretar los conflictos de distribución de acuerdo con la gramática moral de la lucha por el reconocimiento, Honneth reconstruye su modelo basado en tres esferas y tres formas típicas de reconocimiento: el amor, el reconocimiento jurídico y la valoración social. Como podemos ver, este modelo se opone a la interpretación de Fraser, que incluía el reconocimiento únicamente en lo que denomina «esfera cultural». ¿En qué sentido pueden entonces interpretarse las reivindicaciones redistributivas desde este marco suficientemente diferenciado de esferas de reconocimiento? En primer lugar, resulta sorprendente que Fraser apenas haga mención alguna a la esfera del derecho. La redistribución se da en primer lugar y de manera prioritaria en forma de políticas públicas destinadas a consagrar las promesas del Estado social. Estas políticas no movilizan otra cosa que el segundo principio del reconocimiento, es decir, el reconocimiento jurídico de todos los miembros de la sociedad como individuos iguales. Ahora bien, esta esfera no agota, ni mucho menos, el tipo de reivindicaciones por la redistribución que pueden hacerse en las sociedades modernas. Una forma de injusticia distributiva típica de las sociedades capitalistas apunta al no reconocimiento de la contribución particular que determinadas profesiones hacen a la sociedad, de acuerdo con un patrón de valoración hegemónico manifiestamente injusto. En

33. *Ibid.*, p. 107.

efecto, lo propio del principio de reconocimiento que Honneth llama «valoración social» es que el sujeto recibe aquiescencia como consecuencia de los méritos o éxitos que puede acreditar en el marco de un mercado capitalista radicalmente desanclado de la jerarquía de estatus premoderna basada en el puro nacimiento. En este contexto, las luchas por la redistribución pueden interpretarse como la propensión de ciertos grupos a cuestionar los modelos de evaluación establecidos en el mercado laboral, un cuestionamiento que, nuevamente, está moralmente motivado por la experiencia de menosprecio.

Estas consideraciones deberían ser suficientes para comprender los términos de la discusión entre Fraser y Honneth. No obstante, queda todavía pendiente un elemento de disputa que, a mi juicio, nos ayudará a perfilar un poco más el modelo de Honneth. Me refiero a la cuestión de los criterios normativos[34]. Si recordamos, Fraser había acusado a Honneth de no disponer de un criterio claro desde el que diferenciar entre reivindicaciones de reconocimiento legítimas e ilegítimas. Frente a esta ausencia, Fraser proponía la metanorma de una paridad participativa que actuaría como criterio de evaluación de las reivindicaciones que se dan tanto en el terreno económico como en el cultural. Si echamos la vista atrás, recordaremos que Honneth ya había abordado esta cuestión en los apartados finales de *La lucha por el reconocimiento*. Entonces afirmaba que, a fin de distinguir las luchas sociales progresistas y las regresivas,

---

34.   Me he ocupado de la cuestión de los criterios normativos en la obra de Honneth en C. Ortega-Esquembre, «¿Qué cuenta como un progreso? Axel Honneth ante el problema de la normatividad en la Teoría Crítica», en J. L. Moreno y J. M. Romero (eds.), *Recuperar el socialismo. Un debate con Axel Honneth*, Akal, Madrid, 2022, pp. 53-77.

era necesaria «una medida normativa que permita señalar, bajo anticipación hipotética de una situación final aproximada, una orientación del desarrollo». Honneth apelaba aquí a la idea de un estadio final anticipado en el que «las condiciones intersubjetivas de la integridad aparecen cumplidas». Esta situación sólo contrafácticamente anticipada hacía referencia a un concepto formal de vida buena. Honneth retoma ahora esta argumentación para aclarar algunos posibles malentendidos. Las luchas sociales por el reconocimiento pueden ser juzgadas como legítimas si y sólo si apuntan en la dirección de un cumplimiento de lo que podemos considerar una sociedad «justa y buena». Ahora bien, ¿cuáles son los principios desde los cuales podemos afirmar la idea de una sociedad justa y buena? La respuesta de Honneth es la siguiente: la justicia y la bondad de una sociedad dependen del grado en que sea capaz de asegurar las condiciones de reconocimiento recíproco de que depende la conformación de la identidad de sus individuos, y de hacerlo en las tres esferas del amor, la igualdad jurídica y la valoración social. Para hablar de progreso en las relaciones de reconocimiento, ha de recurrirse, a juicio de Honneth, a dos criterios complementarios: la creciente individualización, es decir, «el aumento de oportunidades de articular de manera legítima las partes de la personalidad propia»; y el aumento de la inclusión social, es decir, «la expansión de la inclusión de sujetos en el círculo de miembros plenos de la sociedad»[35]. De esta forma, Honneth cree haber dado respuesta a la última de las críticas formuladas por Fraser, y de paso aclarado algunos de los puntos más sensibles de la propia teoría del reconocimiento.

35. *Ibid.*, p. 144.

El debate con Nancy Fraser ha permitido a Honneth aclarar algunas de las dudas suscitadas tras la publicación, en 1992, de su obra *La lucha por el reconocimiento*. De forma significativa, la última de estas dudas tiene que ver con la cuestión de los criterios normativos de la crítica social. A pesar de sus muchas diferencias, todos los intentos de ofrecer diagnósticos crítico-sociales de la modernidad, ya provengan estos diagnósticos de tradiciones conservadoras o reaccionarias frente al proceso de modernización liberal-burgués, ya del ideario socialista inaugurado precisamente como respuesta *por la izquierda* de la revolución burguesa, han necesitado siempre proporcionar un determinado ideal de organización social, a cuyo contraluz normativo la sociedad en cuestión podía ser catalogada como patológica o desviada. Ciertamente, dentro de la teoría crítica de la sociedad fue solamente a partir de la irrupción de Habermas cuando la problemática de la normatividad se alzó como problema filosófico de primer orden. Sea como fuere, y pese a no abordar siempre la cuestión de forma tan explícita como ocurre en el caso de la teoría de la acción comunicativa, la teoría crítica ha recurrido constantemente a esa forma de fundamentación normativa que más arriba estudiamos bajo el nombre de «crítica inmanente». A diferencia de otras estrategias metodológicas, tales como el «descubrimiento» de verdades metafísicas desde las que medir las impurezas de la realidad o la «construcción» idealista de principios de justicia, la teoría crítica reconstruye, desde dentro de la propia realidad social cuyas estructuras quiere criticar, «las ideas o aspiraciones normativas cuyo carácter trascendente permitirá luego someter el orden social existente a una crítica fundada»[36]. La teoría crítica, en tanto crítica inmanente, sólo puede criticar la sociedad dada si logra encontrar en ella un elemento de su propio punto de vista, alumbrando así un momento de «trascendencia intrahistórica»[37].

Ahora bien, operando de tal suerte, la crítica inmanente ha adoptado a lo largo de su historia dos estrategias argumentativas más o menos diferenciables. Mientras que en ciertos momentos de su historia la teoría crítica parece recurrir a una suerte de anticipación contrafáctica del ideal, es decir, a algo así como un *estadio final* normativo aún no cumplido —aunque ya prefigurado en la sociedad presente— desde el cual juzgar la sociedad en su configuración actual; en otros momentos se sirve de una reconstrucción normativa, heredada del institucionalismo hegeliano, que apunta a algo, por así decirlo, *ya cumplido* históricamente. Quisiera defender en lo que sigue la siguiente tesis: en lo que refiere a las fuentes de normatividad de la crítica, el proyecto de Honneth ha sufrido un notable giro con la publicación de la obra de 2011 *Das Recht der Freiheit* (*El derecho de la libertad*), considerada por muchos como la culminación teórica de su pensamiento. Mientras que en los textos de los años noventa Honneth operaba, como hemos visto, con la estrategia argumentativa que aquí llamaré «anticipación contrafáctica de la sociedad emancipada», a partir de la publicación de *El derecho de la libertad*, a cuya exposición quisiera dedicar esta sección, utiliza la estrategia bautizada por él mismo como

36.   A. Honneth, «Crítica reconstructiva de la sociedad con salvedad genealógica», cit., p. 57.
37.   Para esto véase J. M. Romero Cuevas, «Trascendencia intrahistórica. Los fundamentos históricos de la crítica inmanente», en J. A. Nicolás *et al.* (eds.), *Crítica y hermenéutica. Perspectivas filosóficas, literarias y sociales*, Comares, Granada, 2020.

«reconstrucción normativa»[38]. Sostengo que ambas estrategias constituyen tan sólo versiones diferentes de una misma forma de crítica, a la que podemos llamar «crítica inmanente» o «crítica reconstructiva».

Ciertamente, *El derecho de la libertad* se mueve más en el terreno filosófico-político en que se había movido la discusión con Fraser que en el propiamente filosófico-moral y filosófico-social en que discurría *La lucha por el reconocimiento*. Como sabemos, después de la publicación, en 1971, de la *Teoría de la justicia* de John Rawls, la filosofía política se orientó prioritariamente hacia la elaboración normativa de principios de justicia. Esta filosofía política «ideal» se centra casi exclusivamente en el diseño de estándares normativos que valdrían para una sociedad perfecta. En este sentido, las teorías de la justicia, tanto en sus vertientes liberal-igualitarias (Ronald Dworkin) como en las socialistas (Gerald Cohen), suelen prescindir del «desordenado y opaco mundo de la realidad social»[39]. Estos debates constituyen un trasfondo importante para comprender el proyecto que Honneth lleva a cabo en *El derecho de la libertad*, siquiera de forma meramente negativa. En efecto, Honneth parte de una crítica contra el carácter excesivamente abstracto y principialista de las teorías normativas de la justicia, que se mueven «aisladas de la eticidad de las prácticas y las instituciones dadas»[40], para adoptar la

---

38. He abordado esta cuestión de forma sistemática en C. Ortega-Esquembre, «¿Anticipación contrafáctica o reconstrucción histórica del canon normativo? Tránsitos en la teoría crítica de Axel Honneth»: *Ideas y Valores* 71/179 (2022), pp. 181-204. Asimismo, para la reconstrucción de las tesis de Honneth en *El derecho de la libertad* utilizo los materiales que presenté en el capítulo V de mi *Habermas ante el siglo XXI*, cit.

39. Ch. Zurn, *Axel Honneth*, cit.

40. A. Honneth, *El derecho de la libertad*, Katz, Madrid, 2014, p. 13.

perspectiva inmanente o reconstructiva, directamente vinculada con las prácticas e instituciones de la sociedad, propuesta por vez primera por Hegel. Como reeditando, doscientos años más tarde, la famosa crítica que Hegel formulara contra el carácter abstracto y formal del imperativo categórico kantiano, Honneth adopta aquí el rol de neohegeliano para enfrentarse a las corrientes más sofisticadas de la filosofía moral-política neokantiana[41]. Siguiendo esta perspectiva, Honneth se esfuerza por mostrar en qué sentido las instituciones de la modernidad permiten ya la realización de la libertad, garantizando así un marco que puede ser comprendido en términos de una renovada teoría inmanente de la justicia[42]. O, dicho de otra forma, en las instituciones de la modernidad, tal es la tesis de Honneth, se han institucionalizado aquellos principios normativos que constituyen el único sustento posible de aquello que nosotros, los modernos, entendemos como «justicia».

Aunque Honneth se enfrenta al mismo problema que, en el fondo, no ha dejado de subyacer a todas las formulaciones de la teoría crítica, es decir, al problema de ofrecer una reconstrucción de los principios normativos que pueden servir como trasfondo desde el cual diagnosticar críticamente patologías sociales, lo cierto es que en *El derecho de la libertad* la antigua estrate-

41. Esta crítica se encuentra en G. W. F. Hegel, *Líneas fundamentales de la filosofía del derecho*, cit., Segunda Parte. El lugar donde queda recogido de forma más clara el proyecto kantiano de ofrecer una fundamentación *a priori* de la moral, es decir, una fundamentación totalmente depurada de antropología y contacto con las costumbres, es I. Kant, *Fundamentación de la metafísica de las costumbres*, Encuentro, Madrid, 2009.

42. El proyecto de continuar la filosofía del derecho hegeliana se encuentra ya anticipado en una obra diez años anterior. Véase A. Honneth, *Leiden an Unbestimmtheit. Eine Reaktualisierung der Hegelschen Rechtsphilosophie*, Reclam, Stuttgart, 2011.

gia de anticipar normativamente una sociedad en que quedaran satisfechas las exigencias morales en las tres esferas del reconocimiento es sustituida por una estrategia que Honneth denomina «reconstrucción normativa». Honneth procede en este sentido a reconstruir formas ya institucionalizadas de libertad social en las tres esferas sociales típicamente diferenciadas por la sociología y la filosofía social modernas: las relaciones personales, la economía capitalista y el Estado democrático de derecho. Bajo semejante programa, la fundamentación normativa de la teoría crítica adquiere un carácter diferente, por cuanto ahora los diagnósticos de anomalías o patologías sociales deben operar en términos de un *desvío* de formas ya institucionalizadas de libertad social.

Honneth concibe las diferentes esferas sociales, siguiendo las categorías hegelianas, como «encarnaciones institucionales de determinados valores cuya pretensión inmanente de realización pueda servir como indicación de los principios de justicia específicos de cada esfera»[43]. Para semejante tarea, que el autor define en términos de una «reconstrucción normativa de la eticidad postradicional», se ha de partir, por supuesto, de una definición previa de estos valores generales, y la tesis central a este respecto es que en la modernidad todos ellos quedan reunidos en torno al principio supremo de la libertad individual, que constituye por lo tanto «la piedra normativa fundamental de todas las ideas de justicia»[44]. Ahora bien, en la modernidad la idea de

---

43. A. Honneth, *El derecho de la libertad*, cit., p. 10.
44. Para la interpretación de Hegel como un apologeta del triunfo de la «subjetividad libre», véase J. Ritter, «Hegel und die französische Revolution», en Íd., *Metaphysik und Politik*, Suhrkamp, Fráncfort d. M., 1988.

libertad individual ha sido entendida, al menos, de tres formas diferentes: como libertad negativa, como libertad reflexiva y como libertad social. En este sentido, el primer paso de Honneth tiene que consistir en presentar históricamente cada una de ellas.

La libertad negativa, que constituye cronológicamente el primer estadio, surge en el contexto histórico de las guerras religiosas del siglo XVII. Arrancando filosóficamente con el modelo de Thomas Hobbes y llegando hasta las actuales tesis de Robert Nozick por vía de John Locke y John Stuart Mill, la libertad individual como libertad negativa refiere a la ausencia de impedimentos externos a la acción privada, de suerte que garantiza para los individuos un marco de acción egocéntrica en que quedan descargadas las exigencias de responsabilidad y justificación. Sólo cuando se hizo evidente que también los objetivos y preferencias a realizar en el marco de acción individual podían ser fruto de la propia libertad, la libertad negativa dio paso a la libertad reflexiva, que constituye el segundo estadio. Según este segundo modelo, que arranca con la filosofía de Rousseau, el sujeto es libre en tanto «logra relacionarse consigo mismo de forma tal que sólo se deja guiar en su actuar por intenciones propias». Dentro de esta forma de libertad individual, Honneth diferencia a su vez dos versiones: la libertad entendida como autonomía o autodeterminación, desarrollada paradigmáticamente en la filosofía moral de Kant y reformulada hoy intersubjetivamente en la ética discursiva de Apel y Habermas; y la libertad entendida como autorrealización, que fue sistematizada por Herder y el movimiento romántico, y que más tarde encontrará eco en el republicanismo de Hannah Arendt o el comunitarismo neohegeliano de Charles Taylor. En ambas versiones de la libertad reflexiva se procede a una reflexión sobre las

115

condiciones institucionales que *deberían* darse para garantizar el ejercicio de la libertad. En ninguno de los dos casos, sin embargo, «se interpretan las condiciones sociales mismas que habrían de posibilitar el ejercicio de la libertad en cada caso *ya como componentes mismos de la libertad*». Honneth parte de esta limitación para dar paso a la exposición del tercer estadio, el de la libertad social, cuya paternidad filosófica atribuye a Hegel y Marx: «según este pensamiento, la idea de la libertad reflexiva no puede ser desplegada sin incluir las formas institucionales que posibilitan su ejercicio»[45].

Ha sido Frederick Neuhouser quien ha sistematizado con mayor rigor la noción de «libertad social». Neuhouser utiliza el término para referirse al tipo de libertad operante en las instituciones de la *Sittlichkeit* —lo que Hegel llama «libertad substancial»—, y que se diferencia de las dos formas de libertad existentes en los dos momentos anteriores: la libertad negativa o personal, propia del derecho abstracto, y la libertad reflexiva o moral, propia de la moralidad. Según esta interpretación, la libertad social incorpora dos elementos fundamentales: el componente objetivo, que tiene que ver con las condiciones sociales básicas que las instituciones de la eticidad han de proporcionar para que los individuos puedan realizar la libertad personal y moral; y el componente subjetivo, que tiene que ver con la idea de que estos individuos han de poder identificarse y afirmar libremente las instituciones de la eticidad en las que participan[46]. Aunque, a juicio de Honneth, en el modelo teórico discursivo desarrollado por Habermas se apunta ya en cierto modo a esta idea de liber-

45. A. Honneth, *El derecho de la libertad*, cit., p. 63.
46. F. Neuhouser, *Foundations of Hegel's Social Theory. Actualizing Freedom*, cit.

tad social, por cuanto aquí la interacción intersubjetiva constituye el núcleo de la libertad, lo cierto es que en este modelo, al que le falta la «decisión de concreción histórica», no se da el paso definitivo hacia el institucionalismo y la teoría social. Honneth cree que sólo retornando a Hegel se hace posible mostrar cómo en las propias instituciones aparece encarnada esta tercera forma de libertad. En su *Filosofía del derecho*, Hegel muestra cómo las tres esferas de la eticidad —las relaciones personales, la economía de mercado y el Estado— encarnan ya la libertad en el ámbito de lo social. Su noción de libertad social, como acabamos de ver, se basa en la idea de instituciones sociales en las que «los sujetos se relacionan unos con otros de manera tal que puedan concebir a su contraparte como otro de sí mismos». Como es natural, la clave de este modelo de libertad es el reconocimiento mutuo entre los compañeros de interacción de una determinada esfera social. Dado que las instituciones son comprendidas como prácticas de comportamiento normadas que actúan como condición social de tal reconocimiento, Hegel puede concluir que el sujeto es libre cuando en el marco de estas instituciones «se encuentra con una contraparte a la cual lo conecta una relación de reconocimiento mutuo, porque puede ver en las metas de este una condición de la realización de las propias metas»[47]. A diferencia de lo que ocurre en la filosofía moral-política kantiana y neokantiana, en el sistema hegeliano estas instituciones no son *construidas* idealmente recurriendo al instrumento del procedimiento, sino *reconstruidas* inmanentemente en la propia realidad histórica bajo el marco teleológico de un proceso en el que en cada momento va quedando desplegada máximamente la libertad.

47.   A. Honneth, *El derecho de la libertad*, cit., pp. 67 y 68.

Como se ha hecho evidente por lo dicho hasta aquí, la reconstrucción normativa de que se sirve Honneth, a la que naturalmente le va muy bien la categoría de «crítica inmanente», tiene que contar con un criterio normativo que actúe como guía para la reconstrucción, es decir, tiene que «justificar en el comienzo mismo qué es lo que podrá valer como punto de referencia normativo de una reconstrucción del desarrollo social». Dicho criterio se sustancia en aquellos «valores e ideas que ya están institucionalizados en la sociedad», de suerte que la reconstrucción normativa del orden social tiene que significar «seguir su desarrollo desde el punto de vista de si los valores aceptados en las diversas esferas de acción realmente han sido realizados»[48]. Puesto que en la modernidad estos valores quedan reunidos en la idea de libertad individual, las condiciones de la justicia social que una teoría de la sociedad con pretensiones críticas debe reconstruir son precisamente las condiciones institucionales en que la libertad tiene de hecho lugar en las distintas esferas de acción. El siguiente paso tiene que consistir, así pues, en emprender este recorrido atendiendo a las tres formas diferentes que adopta la libertad en la sociedad moderna.

Aunque el individuo sólo puede realizar su libertad social cuando participa en las esferas éticas o instituciones relacionales arriba referidas, lo cierto es que para que esta participación tenga lugar, él mismo tiene que tener protegidos ciertos derechos subjetivos en términos de libertad jurídica negativa. Siguiendo la categorización canónica de Thomas Marshall, Honneth diferencia tres periodos en la historia del desarrollo de estos derechos subjetivos: los derechos liberales o civiles conquistados a lo largo del siglo XVIII, los derechos

48. *Ibid.*, p. 92.

políticos desarrollados durante el siglo XIX, y los derechos sociales encarnados en el Estado social de derecho que nace tras la Segunda Guerra Mundial. El núcleo del sistema jurídico liberal está constituido por todos aquellos derechos que protegen una esfera de acción privada dentro de la cual el individuo puede desarrollar sus particulares ideas del bien[49]. Por su parte, los derechos políticos remiten a una actividad de cooperación entre todas las personas, que persigue conformar una voluntad política común. La introducción de los derechos sociales, empujada por el movimiento obrero y los partidos socialistas y socialdemócratas, tuvo a su vez la función de garantizar al individuo las condiciones materiales para ejercer efectivamente sus derechos civiles y políticos. Mientras que con los derechos civiles y sociales el sujeto es «usufructuario pasivo de las libertades que se les ha otorgado socialmente», con los derechos políticos se convierte en autor del propio sistema jurídico, de suerte que en ellos se apunta ya de alguna forma a un «conjunto de formas éticas de comportamiento» que anticipan la idea de libertad social. He aquí la tradicional tensión entre autonomía privada y autonomía pública, cuya más brillante articulación dentro de la teoría crítica debemos al Habermas de *Facticidad y validez*[50].

Esta libertad jurídica, que constituye sin duda una condición de posibilidad para la participación de los su-

---

49. La definición canónica de esta «libertad de los modernos» frente a la libertad entendida como participación en la esfera pública, propia de los «pueblos antiguos», se encuentra en B. Constant, «De la libertad de los antiguos, comparada con la de los modernos», en Íd., *Escritos políticos*, Centro de Estudios Constitucionales, Madrid, 1989. Para esta fundamental diferenciación entre mínimos jurídicamente sancionados y máximos de vida buena, véase J. Rawls, *El liberalismo político*, Crítica, Barcelona, 2003.

50. J. Habermas, *Facticidad y validez*, Trotta, Madrid, ⁶2010.

jetos en aquellas esferas donde se realiza la libertad social, presenta con todo ciertos límites importantes. Con ella el actor se desprende de todas aquellas relaciones intersubjetivas en las que debería justificar y responsabilizarse de sus decisiones, para quedar sumergido en una esfera de pura privacidad en que puede comportarse como desee siempre y cuando no viole el ordenamiento jurídico. Aunque esta esfera de acción privada resulta esencial para el sujeto de la modernidad, lo cierto es que ella misma no puede funcionar si no es sobre la base de ciertas formas de reconocimiento y relaciones intersubjetivas prejurídicas, a saber, precisamente aquellas que trata de poner entre paréntesis. El derecho «debe generar una forma de libertad individual cuyas condiciones de existencia no puede ni generar ni mantener»[51]. La libertad jurídica, institucionalizada en el sistema de los derechos, contiene de esta forma la posibilidad de una patología social, que aquí queda definida en el sentido de «acontecimientos sociales que llevan a un deterioro de las capacidades de los miembros de la sociedad de participar en formas decisivas de la cooperación social». Los sujetos, sumergidos dentro de ese espacio egocéntrico de acción en el que se sienten, con razón, autores de su propia biografía, terminan por no identificar el sentido negativo de la libertad jurídica como interrupción sólo puntual de la intersubjetividad. La libertad negativa queda entonces absolutizada como libertad *en general*, convirtiéndose en este sentido en punto de referencia para la autocomprensión del sujeto: «la libertad negativa, que el derecho abre como una oportunidad, se ha convertido en un estilo de vida»[52].

51. A. Honneth, *El derecho de la libertad*, cit., p. 118.
52. *Ibid.*, p. 125.

Frente al primer modelo de libertad, cuya institucionalización en forma de normas sancionadas por el Estado es muy evidente, la libertad moral aparece mucho más débilmente institucionalizada bajo la forma de un «modelo cultural de orientación». Como sabemos, la libertad individual en tanto libertad moral consiste en plegarse sólo a aquellas normas que el sujeto puede considerar que emanan de su propia voluntad universalizadora. Aunque también la idea de libertad moral pertenece a la estructura institucional de la modernidad, por cuanto otorga al sujeto la capacidad de distanciarse críticamente de las obviedades de una eticidad concreta que, como es natural, puede contener formas de opresión, lo cierto es que también para el ejercicio de la libertad moral han de presuponerse ciertas «condiciones socioculturales» que preceden al propio acto de autolegislación individual, y cuyo olvido funciona como fuente de una nueva patología social. En la expectativa de una autorreflexión que puede poner totalmente entre paréntesis la totalidad de lazos sociales existentes, Honneth ve una ficción de consecuencias peligrosas. A su juicio, resulta imposible prescindir del «contenido de significación social de las relaciones en las que nos encontramos desde siempre», de suerte tal que, como había mostrado Hegel en su crítica al formalismo del imperativo categórico, «cada discurso moral está precedido de formas elementales del reconocimiento mutuo, que son tan constitutivas para la sociedad que lo circunda que no pueden ser cuestionadas o suspendidas por sus integrantes»[53]. Como en el caso de la libertad jurídica, la libertad moral posee un carácter puramente disruptivo. Tan pronto como se hace abstracción de este carácter, la libertad moral abre las puertas de entrada a una nueva forma de patología

53. *Ibid.*, p. 152.

social: para el sujeto de esta forma patológica de comprensión, el mundo social de la vida queda reducido a un «campo de acontecimientos que deben conformarse sólo de acuerdo con razones morales». Los moralistas insensibles a los contextos y, en el caso más extremo, el terrorismo moralmente fundamentado constituyen para Honneth desviaciones patológicas que emanan de una comprensión inflacionaria de la libertad moral.

Como se ve, hasta este momento Honneth ha reconstruido los dos complejos institucionales —Estado de derecho y cultura crítica reflexiva— en que habita la libertad bajo su forma jurídica y moral, respectivamente. Al mismo tiempo, ha mostrado en qué sentido ambas formas de libertad tienen un «componente parasitario» respecto de prácticas sociales que le preceden: es sólo porque los sujetos pertenecen ya a comunidades en que se presentan vínculos de acción normados por lo que debe existir la libertad jurídica y moral, precisamente como garantía para el distanciamiento jurídico o reflexivo de esas normas. Dado que estas prácticas de libertad individual, tal es la tesis, no pueden por sí mismas constituir nuevos contextos de acción «que contengan objetivos valiosos con lazos vinculantes», es preciso reconocer que representan únicamente posibilidades, y no realizaciones, de la libertad. Como podemos intuir, para Honneth la realidad de la libertad sólo se da en su forma social: allí donde los sujetos se reconocen mutuamente de suerte tal que «puedan entender la puesta en práctica de sus acciones como condición necesaria de los objetivos de la acción de la contraparte»[54].

Honneth cree que esta tercera forma de libertad fue la que de hecho tuvo mayor influencia en el desarrollo de las instituciones de la modernidad, es decir, en las

54. *Ibid.*, p. 166.

relaciones personales, el sistema económico capitalista y la vida público-política democrática. Las expectativas de comportamiento que tienen los sujetos al hallarse inmersos en estas esferas éticas relacionales están institucionalizadas en forma de roles sociales, los cuales a su vez deben poder ser aprobados reflexivamente por unos sujetos que siguen estando capacitados para distanciarse críticamente en todo momento. Para proseguir con su reconstrucción normativa, Honneth debe analizar entonces cada una de estas tres esferas de acción en que los individuos, actuando conforme a determinados roles revisables, reconocen en sus compañeros de interacción la posibilidad de una realización de su propia libertad individual. Como hasta aquí, la reconstrucción normativa debe moverse entre los análisis sociológicos y los estudios normativos, a fin de «develar las comprensiones de prácticas sociales que mejor se adecúen a valer como formas de realización de la libertad intersubjetiva»[55]. Sólo a partir de esta reconstrucción se nos hará evidente el problema de los fundamentos normativos de la teoría, puesto que la crítica aparecerá como denuncia de una desviación de las prácticas sociales que no alcanzan a realizar «la demanda de libertad social subyacente a la respectiva esfera».

La primera de estas esferas éticas o instituciones relacionales, a la que podemos denominar, en general, «relaciones personales modernas», surge sólo cuando los vínculos personales quedan desconectados de los privilegios económicos y las presiones de posición social, abriéndose a «experiencias emocionales en las que uno puede ver en el otro la oportunidad y la condición de su autorrealización». Dentro de esta primera esfera, Honneth diferencia tres espacios: la amistad, las relacio-

55. *Ibid.*, p. 171.

nes íntimas y la familia. El surgimiento de la subesfera denominada «amistad» —en su sentido moderno— queda remitido a las relaciones originadas con el movimiento romántico, precisamente como necesidad de crear un mundo contrario a la retracción privada que surgió con el mercado capitalista. Igual que en el resto de formas de libertad intersubjetiva, en la amistad el otro no aparece como una limitación a la propia libertad, sino precisamente como la condición de la propia libertad individual. Las relaciones íntimas o «amor» en su sentido moderno, la segunda de las subesferas contenidas en las relaciones personales modernas, surgen también a partir de la segunda mitad del siglo XVIII, cuando comienza a cuajar en el imaginario colectivo la idea de que solamente el afecto mutuo, y no el interés económico, puede constituir una base legítima para el vínculo matrimonial. Con esta forma de amor, típicamente romántica, se realiza totalmente la idea de libertad humana, pues en ella cada par de la interacción ofrece al otro la posibilidad de una autorrealización absolutamente libre de restricciones. Naturalmente, Honneth tiene que tener en cuenta, para su reconstrucción normativa, los impedimentos que pese a este temprano surgimiento tuvo la idea de «amor» al menos hasta las revoluciones culturales de los años sesenta del pasado siglo, entre los que cabe destacar la limitación a las relaciones heterosexuales o la desigual distribución de tareas en función del sexo. Por último, la pequeña familia burguesa, en la que el amor matrimonial queda sustanciado en la figura de un tercero —el hijo—, constituye la tercera institución en que aparece realizada la libertad social dentro de la esfera de las relaciones personales. Es en la familia donde mejor se ve el papel que juega la adopción de roles en la tarea de realización de la libertad social. Cuando uno adopta, por ejemplo, el rol de hijo, no puede entender a la persona que adopta el rol de madre o de padre como una restricción para la realización de los planes de vida propios, sino precisamente como la condición de posibilidad de una autorrealización completa. Padres e hijos se interpretan mutuamente como posibilitadores del desarrollo de la propia libertad. Pero igual que en el caso de las relaciones íntimas, aunque la pequeña familia burguesa había encarnado ya el ideal de una institución relacional, sus deficiencias se hacen patentes en la forma asimétrica en que se da la autoridad en los roles del padre y la madre. Esta asimetría no inició la senda de su disolución al menos hasta la segunda mitad del siglo XX, con la incorporación masiva de la mujer al mercado de trabajo y la asunción de tareas asistenciales por parte del Estado social.

Una vez concluida la reconstrucción normativa en lo que hace a la esfera de las relaciones personales, Honneth emprende la misma tarea para el ámbito de acción de la economía de mercado. Siguiendo en esto muy estrechamente las lecciones de filosofía del derecho de Hegel, y separándose no sólo del marxismo, lo cual es muy evidente, sino también de la teoría de la acción comunicativa de Habermas, Honneth se esfuerza por mostrar cómo también el ámbito del mercado puede ser concebido en tanto lugar de realización de la libertad social. El primer paso que debe dar en este sentido consiste en describir el *tipo* de reconocimiento y libertad social que aquí queda institucionalizado. Para ello Honneth se sirve de lo que denomina el «economicismo moral» de Hegel y Durkheim. Ante los riesgos de desintegración social contenidos en las tendencias contradictorias del mercado, durante el siglo XIX se fue asentando la tesis, surgida con Hegel y continuada por Durkheim, de que el correcto funcionamiento de la esfera del mercado, cuya meta había de ser la satisfacción de necesidades y la articulación armónica de intereses, tenía que presuponer ciertas actitudes normativas solidarias. Esta tradición de pensamiento, que naturalmente sería repudiada lo mismo por el marxismo que por la economía neoclásica, será retomada nuevamente en el siglo XX por autores como Polanyi, Parsons y, más recientemente, por los estudios en torno a la dimensión ética de la economía[56]. A todos estos autores subyace la idea según la cual «el mercado económico no puede ser considerado aislado del horizonte de valores de la sociedad democrático-liberal que lo rodea»[57]. Frente a la descripción no normativa del mercado ofrecida por la teoría de la acción comunicativa, en esta comprensión la legitimidad del mercado reposaría en el grado en que contribuye a una «complementación de las intenciones de acción individuales mediante procesos de intercambio», de suerte tal que «la libertad de uno se convierte en condición para la libertad del otro». Partiendo de esta noción, Honneth puede emprender la reconstrucción normativa de la esfera económica siguiendo el desarrollo histórico del mercado capitalista en los subámbitos del consumo y el mercado de trabajo, para observar hasta qué punto en cada momento histórico los movimientos sociales y las reformas políticas lograron realizar los principios de libertad social contenidos en el propio mercado. Sólo desde este trasfondo normativo, por así decir inmanente a las propias promesas del mercado, pueden apresarse correctamente las anomalías a que tradicionalmente se ha visto enfrentada la esfera económica.

56. Para esto último véase J. Conill, *Horizontes de economía ética: Aristóteles, Adam Smith, Amartya Sen*, Tecnos, Madrid, 2013; A. Sen, *Sobre ética y economía*, Alianza, Madrid, 1989.
57. A. Honneth, *El derecho de la libertad*, cit., p. 251.

Pero la instauración de una eticidad democrática en que haya quedado realizada la idea de libertad social no se agota en estos dos momentos fundamentales, las relaciones personales y el ámbito de acción de la economía de mercado, sino que debe incluir y, por cierto, de forma prioritaria, la esfera de la construcción de la voluntad democrática. En esta tercera esfera, Honneth tiene que separarse naturalmente de Hegel, que había encontrado en el Estado monárquico constitucional el momento acabado de la eticidad. Acercándose más bien al Habermas de *Facticidad y validez* e *Historia y crítica de la opinión pública*, Honneth procede a reconstruir la realización de la libertad social tanto en lo que podemos llamar sociedad civil o «vida pública democrática» de la deliberación como en la sanción institucional de esta vida pública por parte del Estado democrático de derecho. Con respecto a lo primero, la vida pública democrática surge tan sólo en la segunda mitad del siglo XIX, cuando se hizo evidente la necesidad de un ámbito público de deliberación, allende el poder estatal, desde el que construir «libremente y sin coerciones una opinión política en un intercambio discursivo»[58]. Con el proceso de constitucionalización y parlamentarización iniciado en toda Europa en las primeras décadas del siglo XIX, los derechos de participación democrática fueron siendo paulatinamente extendidos a todos los ciudadanos, hasta que a mediados del siglo XX se habían eliminado todas las restricciones al voto vinculadas a la situación económica y el género. Este proceso allana el camino institucional para la instauración de una tercera esfera de la libertad social, donde los sujetos se reconocen de hecho recíprocamente bajo los roles de «oradores»

58. Para esto véase J. Habermas, *Historia y crítica de la opinión pública*, Gustavo Gili, Barcelona, 2002.

y «oyentes» públicos, es decir, de sujetos competentes para elevar pretensiones de validez normativa. Los impedimentos de esta realización de la libertad social han de ser localizados tanto en las funciones manipulativas de los *mass media*[59] como en los procesos de privatización de la sociedad del capitalismo tardío, que desecaron las fuentes de motivación para la participación en la vida pública.

En todo caso, el Estado democrático de derecho ha de seguir valiendo como «órgano social» (Durkheim) encargado de dar efectividad legislativa a las demandas normativas de la sociedad civil. En este sentido, constituye la última de las esferas en que puede ser rastreada normativamente la idea de libertad social. Siguiendo también aquí el modelo habermasiano de una «democracia de doble vía», la sociedad civil ha de actuar tan sólo como lugar de construcción de la opinión pública política, cuyas exigencias normativas «deben ser luego transformadas en decisiones vinculantes por las corporaciones legislativas responsables en lo político, bajo estricto respeto de los procesos democráticos». El Estado constitucional tiene en este sentido que «presuponer, proteger y llevar a la práctica la construcción de la voluntad de los ciudadanos»[60]. El grado en que el Estado encarna la libertad social depende de la medida en que consigue promocionar una construcción de la voluntad política libre de restricciones. Desde esta perspectiva normativa, Honneth puede reconstruir la historia del Estado moderno siguiendo el hilo conductor de

59. El nuevo «cambio estructural de la opinión pública» derivado de la digitalización de los medios de comunicación ha sido también recientemente estudiado por Habermas; véase J. Habermas, *Un nuevo cambio estructural de la esfera pública y la política deliberativa*, Trotta, Madrid, 2025.
60. A. Honneth, *El derecho de la libertad*, cit., p. 407.

la realización de la libertad social. Esta historia arranca con la transición en el temprano siglo XIX desde la monarquía absolutista hasta el Estado constitucional y continúa con los procesos de asunción de tareas sociales por parte de un Estado aún modestamente interventor, iniciados en la década de 1880, y la progresiva extensión de los derechos políticos hacia sectores hasta el momento desatendidos. Después del «negro periodo» del nacionalsocialismo, que Honneth propone leer como la quiebra temporal de este proceso de realización de la libertad, el Estado adquirió tras la Segunda Guerra Mundial nuevas tareas y competencias en forma de Estado social de derecho. Con la crisis financiera del Estado, por último, este órgano deja de poder satisfacer las exigencias de protección social desde las que hasta entonces se procuraba legitimidad, de suerte que vuelve a surgir la tensión entre mercado capitalista y Estado de derecho, esta vez bajo la fórmula de un desencanto con la política.

Las relaciones personales, el mercado como institución de realización de valores morales y el Estado democrático de derecho constituyen, así pues, esferas sociales donde la libertad aparece institucionalizada en su forma social. Dentro de tales esferas, como hemos visto, los sujetos se comprenden unos a otros como condiciones de posibilidad para la realización de los respectivos proyectos de acción. He aquí la idea de una eticidad democrática, que considera realizada la democracia «sólo donde se han puesto en práctica los principios de libertad institucionalizados en las distintas esferas de acción y donde estos están reflejados en prácticas y costumbres»[61]. Por supuesto, y tal y como ha visto muy bien Christopher Zurn, la teoría crítica no puede conside-

---

61. *Ibid.*, p. 440.

rar como justificados los valores institucionalizados de una sociedad *por el simple hecho* de que efectivamente hayan sido ya institucionalizados. Antes bien, en su reconstrucción normativa Honneth ha tenido que mostrar que «los valores de la sociedad moderna son de hecho legítimos en la medida en que son históricamente superiores a valores e instituciones anteriores»[62]. Y son históricamente superiores solamente en tanto que facilitan más adecuadamente la realización de la libertad social y el reconocimiento.

Esta propuesta de eticidad democrática, que cree ver realizada la libertad en esferas de acción e instituciones efectivamente existentes de la sociedad tardomoderna, ha sido objeto de una incisiva crítica por parte de aquellos que encuentran en ella, como había dicho el marxista Horkheimer criticando a Hegel, una «declaración de paz con el mundo inhumano»[63]. Es decir, por aquellos que consideran que la reconstrucción de la libertad social en las instituciones efectivamente existentes legitima normativamente tales instituciones, aun cuando en ellas, sobre todo en el mercado capitalista, no puedan verse hoy sino las huellas del sinsentido. En su siguiente gran obra, *Die Idee des Sozialismus* [*La idea del socialismo*], publicada en 2015, Honneth ha tratado de responder a estas críticas mediante la reivindicación explícita del proyecto socialista. Pero al hacerlo, no ha dejado de moverse, tal es mi interpretación, dentro de esa estrategia argumentativa empleada en *El derecho de la libertad* que hemos denominado «reconstrucción normativa de la libertad social».

---

62. Ch. Zurn, *Axel Honneth*, cit., p. 20.
63. M. Horkheimer, «Teoría tradicional y teoría crítica», cit., p. 237.

V. LA IDEA DEL SOCIALISMO

Siguiendo la estela de la crítica inmanente y, dentro de ella, la estrategia que hemos llamado «reconstrucción normativa», Honneth se ha propuesto en *La idea del socialismo* localizar en la propia sociedad moderna aquellos progresos ya institucionalizados que pueden apuntar más allá del orden social existente, y que podríamos considerar, a su juicio, como encarnaciones concretas de la idea originaria del socialismo: la libertad social. Lo que esta tarea, por cierto, extraordinariamente abstracta y desconcertarte para aquellos que busquen en ella una suerte de manual de acción para la praxis socialista, persigue no es otra cosa que reactualizar la fuerza del proyecto socialista en un momento en que este aparece impregnado de un pesimismo especialmente funesto[64]. Este «agotamiento de las energías utópicas», por usar la feliz expresión de Jürgen Habermas[65], puede explicarse aún hoy recurriendo a las célebres categorías marxianas del «fetichismo de la mercancía»: como consecuencia de una globalización económica que vacía la sustancia democrática del Estado nación, ocurre que las condiciones institucionales de la convivencia social —las actuales relaciones de competencia y mutua instrumentalización entre los seres humanos— aparecen ante la conciencia como pura externalidad, como relaciones inevitables entre cosas sustraídas a la intervención humana. Como es sabido, en el siglo XIX el socialismo podía todavía actuar como fuerza subversiva de esta fetichización, es decir, podía comportarse como

---

64. A. Honneth, *La idea del socialismo*, Katz, Buenos Aires, 2017.
65. J. Habermas, «La crisis del Estado del bienestar y el agotamiento de las energías utópicas», en Íd., *Ensayos políticos*, Península, Barcelona, 1997, pp. 113-134.

131

una crítica de las ideologías encaminada a mostrar la posibilidad de un orden social alternativo.

Partiendo de semejante situación, Honneth se propone investigar las razones que han conducido a la pérdida del potencial crítico del socialismo, con el objetivo de operar los cambios conceptuales necesarios para volver a dotarlo de ese potencial[66]. Para semejante tarea, lo primero que se ha de hacer es definir cuál es exactamente la idea original del socialismo, hoy puesta contra las cuerdas. Esta idea surgió tan sólo tras los procesos de industrialización capitalista del siglo XIX. En el contexto de las sociedades posrevolucionarias europeas comenzó a cuajar la convicción de que las exigencias normativas de libertad, igualdad y fraternidad proclamadas por la Revolución francesa habían quedado reducidas a meros ideales sin traducción material real. Entre los primitivos críticos del capitalismo se imputó ya tempranamente la causa de este carácter puramente formal de los ideales ilustrados a la reducción burguesa del principio de libertad entendida como libertad para la compra venta de la fuerza de trabajo. Semejante versión de la libertad, naturalmente progresista a contraluz de las antiguas ataduras político-feudales, mostró muy pronto estar enderezada únicamente a satisfacer las condiciones de un mercado capitalista ultraindividualista. La teoría social socialista como teoría explícitamente opuesta al capitalismo aparece por vez primera en aquellos autores a los que, como Robert Owen en Inglaterra y Charles Fourier o Claude-Henri de Saint-Simon en Francia, poste-

66. Esta propuesta ha sido objeto entre nosotros de un minucioso estudio crítico, que aborda problemas relacionados con el denominado socialismo de mercado, las fuentes de normatividad de la crítica socialista o el agente político del socialismo. Véase J. L. Moreno-Pestaña y J. M. Romero Cuevas (coords.), *Recuperar el socialismo. Un debate con Axel Honneth*, cit.

riormente se etiquetaría desde el ámbito marxista —y en forma, por cierto, no precisamente amable— bajo el rótulo de «socialismo utópico». Tal y como señala Honneth, en esta temprana conceptuación, el socialismo no significaba otra cosa que la intención política de contribuir, mediante la fundación de asociaciones colectivas, a «acercar la sociedad existente a un estado que por vez primera podría llamarse 'social'»[67]; es decir, a realizar en la historia, mediante procesos como la colectivización de los medios productivos, las exigencias *morales* de un orden social justo ya institucionalizadas formalmente tras la Revolución francesa.

Puesto que todos los autores del socialismo temprano —no solamente los socialistas utópicos, sino también el propio Marx, que se nutría de la dialéctica hegeliana y de sus conocimientos de la teoría económica clásica para formular su crítica de la economía política— encontraron una contradicción flagrante entre el concepto burgués de libertad, entendido como ausencia de restricciones a la hora de buscar la satisfacción de intereses privados, y la aspiración normativo-revolucionaria de fraternidad; el objetivo fue desde el comienzo la construcción de un concepto de libertad más amplio que posibilitara una realización histórica de las exigencias normativas de la Revolución. Este nuevo concepto de libertad, la libertad social, constituye por supuesto la idea original del socialismo. Como ya sabemos, en las instituciones donde se ha realizado la libertad social, los individuos ya no se relacionan los unos con los otros a través de la mutua instrumentalización para la satisfacción de sus fines privados, sino que comparten «la preocupación sobre la autorrealización de todos los otros»[68].

67. A. Honneth, *La idea del socialismo*, cit., p. 32.
68. *Ibid.*, p. 46.

En el modelo social anticipado por Marx, al que él mismo llamó «asociación de productores libres», libertad y solidaridad aparecen entrelazados tan pronto como la satisfacción de los objetivos que cada individuo persigue libremente queda condicionada a una cooperación fraternal y libre de coacciones con el resto de individuos, que pasan de ser competidores en la lucha por la existencia a condiciones de posibilidad para la propia autorrealización. Los sujetos ya no estarían relacionados «unos con los otros» (*miteinander*), según el modelo liberal de la armonización de intereses privados a través del mercado concebido como «mano invisible» (Adam Smith), sino más bien «unos para los otros» (*füreinander*). Al contrario de lo que uno pudiera pensar teniendo presente la función que ha cumplido históricamente la socialdemocracia, la idea original del socialismo trascendía con mucho lo que hoy día se conoce como justicia distributiva, es decir, aspiraba a cubrir bajo el concepto de libertad social no sólo las relaciones de tipo económico, sino la totalidad de relaciones sociales.

Es este concepto de libertad social el que Honneth quiere rescatar y depurar de los antiguos problemas asociados al socialismo. A fin de analizar las inconsistencias conceptuales del socialismo temprano, Honneth comienza por enumerar los tres supuestos en que se basó el proyecto. En primer lugar, el supuesto según el cual la creación de relaciones sociales solidarias debía pasar necesariamente por una transformación revolucionaria de la economía de mercado capitalista. En segundo lugar, el supuesto según el cual los sujetos oprimidos de la sociedad capitalista, es decir, los trabajadores asalariados, poseían ya un interés objetivo en dicha revolución de la estructura económica. En tercer lugar, el supuesto, heredado de la filosofía de la historia, según el cual los cambios predichos se darían con un carácter de necesidad histórica, al modo de una inevitable autodisolución del capitalismo que se encontraba ya en germen en la propia lógica del capital. En mayor o menor medida, la idea de libertad social de todos los socialistas tempranos se basó en estos tres supuestos, de suerte que el socialismo aparecía como órgano reflexivo del contramovimiento proletario de comunitarización económica, existente ya de hecho en la sociedad como *movimiento obrero*, y que debía impulsar mediante la ilustración del proletariado el proceso histórico —por otro lado, inevitable— de la revolución económica[69].

Con respecto al primer supuesto, la visión socialista de un modo de producción comunitario capaz de realizar la libertad social descuidó desde el principio las esferas de la formación democrática de la voluntad común reivindicada por los republicanos —libertad como autodeterminación— y la de los derechos civiles reivindicada por los liberales —libertad como no interferencia—[70]. A juicio de Honneth, con esta desatención el socialismo perdió desde el comienzo la posibilidad de disponer de una teoría política de la democracia. Los derechos civiles y políticos, el gran éxito histórico de las revoluciones burguesas, se hacían superfluos en la descripción de la sociedad socialista, en tanto dicha sociedad, en la que los propios productores habían de aso-

<hr/>

69. Gerald Cohen ha analizado esta inevitabilidad de la revolución recurriendo a la llamada «metáfora obstétrica»: G. Cohen, *La teoría de la historia de Karl Marx. Una defensa*, Siglo XXI, Madrid, 1986. El mejor lugar para estudiar esta comprensión materialista del progreso histórico, que Marx entiende dependiente de una continua contradicción entre el nivel alcanzado por las fuerzas productivas y las relaciones de producción existentes, es el Prefacio a la *Contribución a la crítica de la economía política*. Véase K. Marx, *Contribución a la crítica de la economía política*, Alberto Corazón, Madrid, 1970.

70. Para una interpretación republicana de Marx, véase B. Leipold, *Citizen Marx*, Princeton University Press, 2024.

ciarse libremente para satisfacer cooperativamente sus necesidades, no requeriría promover una negociación de la voluntad común.

En segundo lugar, Honneth niega que el segundo supuesto, según el cual el socialismo representaba intereses ya existentes de una clase determinada, estuviera sustentado en el análisis empírico de los grupos sociales. A su juicio, este supuesto consistió más bien en una presuposición de tipo apodíptico: con tal de que los grupos comprendieran adecuadamente su situación a través de la teoría, debían tener *necesariamente* los intereses emancipatorios que la teoría les atribuía. Esta tesis, altamente acientífica, aparece en forma paradigmática tanto en el joven Marx —con la identificación del proletariado con la clase universal que expresa la necesidad de autorrealización de su esencia en el trabajo[71]— como en el Marx maduro o económico[72]. Tras el surgimiento de la sociedad posindustrial y la consolidación del Estado social, la llamada desaparición del sujeto de la revolución pasó a constituir casi un lugar común de la teoría social socialista. Con la pérdida de referencia del sujeto colectivo encargado de realizar la idea socialista, el proyecto en su totalidad aparecía atravesado por el peligro de no ser nada más que un ideal normativo con el que protestar contra un orden social injusto.

El tercer supuesto, referido a la necesidad histórica con que la sociedad burguesa debía dar paso a la sociedad socialista, respondía a juicio de Honneth no menos al clima de esperanza en el progreso científico-técnico como motor del proceso civilizatorio propio de

71. K. Marx, *Manuscritos: economía y filosofía*, Alianza, Madrid, 1984; Íd., *Introducción a la crítica de la filosofía del derecho de Hegel*, Pre-Textos, Valencia, 2013.
72. K. Marx, *El capital. Crítica de la economía política*, cit.

la Ilustración y el industrialismo que a la herencia de la filosofía de la historia desde Condorcet hasta Hegel[73]. En el caso particular de Marx, se puede ver con facilidad una dualidad de modelos bajo los cuales se intenta apresar el proceso de reproducción social: uno que pone el acento en la lucha de clases y otro que destaca el aumento del dominio sobre la naturaleza externa a través de la cientifización de la producción[74]. Sea como fuere, con la presuposición de un desarrollo lineal e inevitable, es decir, en el marco de una concepción determinista del progreso, no sólo se reduce el papel de la praxis humana en el proceso emancipador, que pasa a ser entendida poco menos que como un impulso adicional de una lógica histórica en todo caso irrefrenable, sino que se hace superfluo todo análisis experimental sobre los procesos y potenciales emancipatorios.

Los tres supuestos anteriores, esta es la tesis de Honneth, deben su origen a la «unión de las circunstancias intelectuales y sociales de la fase temprana de la modernización capitalista»[75], esto es, al clima del industrialismo y la fe en el progreso heredada de la Ilus-

73. Para la idea de la fe en el progreso como motivo típico del pensamiento ilustrado, véase T. Todorov, *El espíritu de la Ilustración*, Galaxia Gutenberg, Barcelona, 2014; R. Jaeggi, *Fortschritt und Regression*, Suhrkamp, Berlín, 2023; N. Condorcet, *Los progresos del espíritu humano*, Laetoli, Pamplona, 2024.

74. El abandono del primer modelo, que tendría que ver más con la interacción de las relaciones de producción, en favor del segundo, que se centra únicamente en las fuerzas productivas, ha sido el blanco de la crítica de Habermas a Marx. Esta crítica aparece de forma explícita en varios textos del primer Habermas. Véase, por ejemplo, J. Habermas, *Teoría y praxis*, Tecnos, Madrid, 2002; Íd., *Conocimiento e interés*, Taurus, Madrid, 1989; Íd., *La reconstrucción del materialismo histórico*, Taurus, Madrid, 1992. También Albrecht Wellmer ha emitido una sugerente crítica a la autocomprensión positivista del materialismo histórico. Véase A. Wellmer, *Teoría crítica de la sociedad y positivismo*, cit.

75. A. Honneth, *La idea del socialismo*, cit., p. 93.

tración. Dado que con la progresiva modificación de las condiciones sociales la idea original del socialismo tuvo que perder necesariamente su fuerza, cualquier intento de revitalizar esta idea debe comenzar eliminando su conexión con estos «insostenibles supuestos fundamentos». Veamos cómo puede hacerse tal cosa, según Honneth, en cada uno de los tres casos.

Honneth comienza su revisión concediendo al socialismo temprano que la superación del individualismo ha de comenzar efectivamente por una transformación de la esfera económica. Esta concesión, sin embargo, no comparte la antigua creencia determinista según la cual dicha transformación económica debe conducir necesariamente a un nuevo orden de libertad social y relaciones solidarias. Honneth cree que los autores socialistas anteriores a Marx aún entendieron sus proyectos de un orden económico alternativo al modo de pruebas experimentales —y pone como ejemplo la propuesta de un banco central formulada por Robert Owen—. Sólo con la irrupción de Marx, esta temprana concepción se vio modificada: puesto que el mercado capitalista representaba una totalidad orgánica de relaciones sociales, la elaboración de un nuevo orden social requería necesariamente la construcción de una economía totalmente sin mercado. La fuerte influencia de esta convicción privó a los proyectos socialistas posteriores de toda posibilidad de pensar «formas institucionales de socialización de la economía más allá de una economía de planificación centralizada»[76]. En este sentido, una reactivación consecuente del socialismo exige en primer lugar deshacer la unión de economía de mercado y capitalismo efectuada por Marx, de suerte que puedan pensarse formas alternativas de

76. *Ibid.*, p. 104.

economía de mercado. Un socialismo renovado debería llevar a cabo experimentos prácticos para descubrir cuál de los tres principios de control —mercado, sociedad civil y Estado democrático de derecho— podría ser el más adecuado para conseguir la libertad social en la esfera económica.

Una vez puesto en duda el primer supuesto fundamental del socialismo temprano, Honneth procede a revisar el supuesto del progreso histórico conforme a leyes. Frente a esa *fe* en el determinismo histórico, según la cual la etapa social posterior al capitalismo estaba ya asegurada bajo la forma de la sociedad socialista, que habría de surgir precisamente como consecuencia de una autoliquidación del capitalismo, Honneth reivindica una comprensión de la historia desde una metodología que él mismo denomina «experimentalismo histórico» (*historischer Experimentalismus*). Una tal comprensión tiene naturalmente que poder ofrecer un criterio normativo bien definido, esto es, «una pauta para saber qué puede considerarse en una situación concreta como una mejora»[77]. Honneth apela en este punto a la idea de John Dewey, continuada posteriormente por Jürgen Habermas, según la cual el hilo conductor normativo de la búsqueda experimental ha de ser la eliminación de aquellas barreras que impiden la comunicación entre los miembros de una sociedad para resolver sus problemas. En la línea de la democracia deliberativa, Honneth otorga aquí un valor epistémico a las interacciones democráticas, de tal suerte que, como afirma Zurn, «cuando la interacción política está basada en la comunicación y el intercambio de razones, su carácter reflexivo posibilita el aprendizaje social» y la

77. *Ibid.*, p. 108.

139

generación de nuevo conocimiento[78]. Esta «desfronte-rización de la comunicación», en última instancia, pue-de contribuir a la consecución del objetivo socialista de armonizar los principios de libertad individual, igual-dad y fraternidad.

Conectando la revisión de ambos supuestos, Hon-neth propone como metodología adecuada a la praxis socialista la búsqueda experimental de formas alterna-tivas de economía en que pueda quedar encarnada la idea de libertad social. De forma idéntica a lo que ocu-rría en los tiempos de Marx, el enemigo natural de un socialismo así concebido sigue siendo la teoría económi-ca oficial y la ideología dominante de mercado, que ex-cluye de forma apriorística toda forma de organización económica alternativa a la economía basada en la pro-piedad privada de los medios de producción y el rendi-miento sin límites del capital. Este socialismo revisado debe contar con una suerte de «archivo interno de to-dos los intentos ya emprendidos en el pasado para una socialización de la esfera económica», archivo en el que de antemano no hay ninguna alternativa proscrita[79].

Honneth procede en tercer lugar a reformular el úl-timo de los supuestos problemáticos del socialismo, a saber, la atribución de intereses objetivos en la eman-cipación al proletariado. En la nueva formulación, que

78. Ch. Zurn, *Axel Honneth*, cit., p. 22. Para la dimensión episté-mica de la democracia y la crítica social, véase G. Casuso, «Crítica social, disonancia y progreso: una aproximación socioepistémica», en Íd. (ed.), *Filosofía y cambio social*, Fondo Editorial PUCP, Lima, 2022; J. Serrano-Zamora, «Articulating the social: Expressive domination and Dewey's epistemic argument for democracy»: *Philosophy & Social Criticism* 48/10 (2022), pp. 1445-1463.

79. Una reciente y brillante contribución a esta suerte de archivo histórico de posibilidades experimentales para la realización de los prin-cipios socialistas la encontramos en E. Olin-Wright, *Cómo ser anticapi-talista en el siglo XXI*, Akal, Madrid, 2020.

tiene ante la conciencia lo mismo la transformación estructural de las relaciones de ocupación —sociedad posindustrial— que la desintegración del movimiento obrero, el socialismo ya no puede ser entendido como «expresión intelectual» de intereses ya existentes en los trabajadores industriales, sino más bien como un «proceso histórico global de liberación de las dependencias y barreras que obstaculizan la comunicación»[80]. El movimiento obrero, que otrora ocupara el lugar protagonista en la realización de la idea, deviene ahora una más de entre las muchas reivindicaciones normativas de emancipación. Y la encarnación de la idea socialista ya no aparece localizada en las tareas propias de una colectividad determinada, sino más bien en conquistas sociales concretas y en ampliaciones ya institucionalizadas de la libertad social. La antigua apelación a un *único* grupo social como destinatario del socialismo es sustituida por una apelación universal a «todos los ciudadanos y ciudadanas, en tanto que se les puede convencer de que únicamente pueden realizar su libertad individual en los ámbitos esenciales de su vida a través de la cooperación solidaria con todos los otros»[81].

Honneth está convencido de que, operando de tal suerte, el socialismo puede reconectar con el momento siempre desatendido de una formación democrática de la voluntad común. Pero esta relación sólo es posible si la idea de libertad social deja de limitarse a la esfera económica y se amplía hacia el resto de esferas de la sociedad moderna, dando lugar a lo que Honneth denomina una «forma de vida democrática». La resistencia de los socialistas tempranos a transferir su concepto de libertad social a esferas allende las relaciones

---

80. A. Honneth, *La idea del socialismo*, cit., p. 128.
81. *Ibid.*, pp. 131 y 132.

económicas explica, a juicio de Honneth, esa perturbadora incapacidad del socialismo para comprender el «valor emancipatorio de los derechos humanos y civiles proclamados con la Revolución francesa», valores que se les aparecían como meras justificaciones ideológicas de la riqueza privada. La proclamada dependencia de todas las relaciones sociales con respecto a las relaciones económicas hizo que el socialismo no creyera necesaria la elaboración de una idea de democracia política, puesto que en la sociedad socialista del futuro ya no sería precisa una autolegislación democrática. Este déficit democrático, insostenible en las condiciones sociales actuales, depende en última instancia de la negativa a adaptar la idea de libertad social a la realidad de una sociedad funcionalmente diferenciada, y por tanto de extenderla también a las correspondientes esferas independizadas.

A pesar de las críticas que Honneth ha recibido por su «excesivo» alejamiento de algunas premisas básicas del socialismo —comenzando con la objeción de Nancy Fraser, según la cual el paradigma del reconocimiento no puede dar cuenta de los conflictos asociados a la redistribución de recursos—, la propuesta de Honneth comparte preocupaciones y objetivos con el socialismo y el marxismo. La protesta contra la forma en que un mercado desregulado, articulado de acuerdo con relaciones de explotación y alienación, puede socavar las formas de libertad social propias de las relaciones personales y de la opinión pública política coloca a Honneth cerca de otros autores socialistas. No obstante, y de forma radicalmente opuesta a los autores marxistas, Honneth sigue creyendo, en la línea de Hegel, que también en el mercado pueden quedar realizadas relaciones de libertad social. Esta convicción le ha conducido a la publicación de su último libro, dedicado precisamente a la elaboración de una teoría normativa del trabajo. A reconstruir brevemente las tesis centrales de esta obra, titulada *Der arbeitende Souverän* (2023) (*El soberano trabajador*), dedicaré la sexta y última sección de este capítulo.

VI. UNA TEORÍA NORMATIVA DEL TRABAJO

El punto de partida de Honneth en su última obra es que existe una relación de interdependencia entre la teoría de la democracia y la teoría del trabajo, de suerte tal que una división social del trabajo justa actúa como condición de posibilidad para la garantía de procesos de formación democráticos de la voluntad inclusivos y exitosos[82]. La teoría de la democracia, revigorizada desde las últimas décadas del siglo pasado con los estudios sobre el papel de la sociedad civil y los diferentes modelos de democracia, ha adolecido, a juicio de Honneth, de un déficit estructural: el no tener en cuenta que la mayoría de los miembros que constituyen la soberanía de una nación son también y al mismo tiempo sujetos trabajadores. En este sentido, Honneth cree que la división social del trabajo reparte *de facto* las posibilidades de influir en el proceso de formación democrática de la voluntad[83].

En efecto, con la conformación, a lo largo del siglo XVIII, de una nueva organización social basada en la igualdad jurídica de todos los ciudadanos, surge una nueva representación sobre el valor del trabajo. Este ya no aparece como una carga que las clases populares

82. A. Honneth, *Der arbeitende Souverän*, Suhrkamp, Berlín, 2023.
83. Para otro caso sugerente de una teoría materialista de la democracia, véase S. Lessenich, *Límites de la democracia*, Herder, Barcelona, 2022.

han de asumir a consecuencia de una dependencia inmediatamente política respecto a una minoritaria clase de gobernantes, sino más bien como la forma en que cada individuo contribuye libremente al bienestar de la comunidad política a través de su actividad. Esta contribución ofrece además la medida, tal y como muestra Hegel en su *Filosofía del derecho*, de la valoración social que cada individuo recibe por parte de sus compañeros de interacción. Ahora bien, siendo este su concepto, la realidad histórica desmintió muy pronto, según mostró sobre todo la crítica marxiana de la economía política, esta promesa normativa. La situación miserable de la clase obrera hizo entonces patente que existía una contradicción entre la realidad social y el ideal normativo. Sobre la base de la constatación de esta contradicción surgieron, desde las primeras décadas del siglo XIX, diversas corrientes de pensamiento crítico con las condiciones de trabajo capitalistas. A Honneth le interesa en primer lugar analizar las tres corrientes principales de esta crítica a fin de ubicar su propia postura en este debate.

La primera de las corrientes puede ser apresada bajo la categoría, fundamental en la historia de la filosofía moderna, de «alienación»[84]. En los representantes del socialismo temprano, y de forma especialmente aguda en el Marx de los *Manuscritos*[85], empezó a prender la idea de que las condiciones de trabajo existentes en las incipientes factorías no solamente resultaban injustas, en la medida en que bajo su paraguas se explotaba

---

84. Para un estudio del concepto de «alienación» y su importancia en la historia de la filosofía moderna, véase R. Jaeggi, *Entfremdung — Zur Aktualität eines sozialphilosophischen Problems*, Campus, Fráncfort d. M., 2005.
85. K. Marx, *Manuscritos: economía y filosofía*, cit.

a los trabajadores con jornadas extenuantes, sino además alienantes, en la medida en que tales trabajadores no tenían ninguna oportunidad de «reconocer lo que hacían como expresión de su personalidad», es decir, como realización de sí mismos. El trabajo no aparece aquí como mera actividad económica, sino como *actividad existencial* del ser humano, es decir, como el medio a través del cual este puede realizar su naturaleza o esencia universal, que Marx entiende como el conjunto de facultades y potencialidades genuinas del ser humano. El trabajo es así una condición universal de la existencia humana a través de la cual nos relacionamos con la naturaleza para reproducir nuestras propias condiciones de existencia. En este sentido, la esencia humana solamente puede construirse socialmente en las relaciones mantenidas con otros seres humanos mediadas por la relación con la naturaleza; es decir, a través del proceso productivo. Sólo mediante esta elaboración universal del mundo a través del trabajo se afirma el ser humano como ser genérico. La esencia humana incumplida la explica entonces Marx recurriendo a la categoría hegeliana de la «alienación» (*Entfremdung*). En la sociedad capitalista, donde ya ha acontecido la necesaria división social del trabajo, la inmensa mayoría de los seres humanos queda alienada del producto objetivado de su trabajo. El objeto que el obrero produce se le enfrenta ahora como un «ser extraño», y lo que habría de ser la realización de sus fuerzas esenciales se convierte en causa de su desrealización. Partiendo de este modelo, Marx define el cumplimiento de la esencia humana, la realización de la especie, como el proceso de reapropiación de las fuerzas esenciales enajenadas en el trabajo. Por eso los contornos de una división justa del trabajo se configuran en la idea de una abolición de la propiedad privada de los medios pro-

145

ductivos, abolición que a juicio de Marx ha de conducir a un «acto de apropiación» llamado a liberar aquellas potencialidades productivas engendradas en el sistema capitalista. Aunque Honneth cree que esta crítica contiene una serie de incoherencias y problemas claros, referidos sobre todo a la noción de una esencia auténtica que no queda desplegada en condiciones laborales capitalistas, en su núcleo normativo sigue siendo uno de los más influyentes paradigmas de crítica contra las relaciones de trabajo existentes.

Como podemos ver, la primera corriente de pensamiento crítico con las relaciones laborales capitalistas presupone la existencia de un trabajo no enajenado que poseería un valor intrínseco, en la medida en que constituye una actividad específicamente humana. En una forma de argumentación que, como Honneth ve muy bien, resulta casi aristotélica, Marx cree que pertenece a la esencia del ser humano el *telos* de un «procesamiento creativo de la naturaleza»[86]. Es esta suposición sobre el valor intrínseco del trabajo lo que ya no encontramos en el segundo paradigma de crítica de las relaciones laborales capitalistas, al que Honneth da el nombre de «autonomía». De acuerdo con este segundo paradigma, el objetivo último de la lucha anticapitalista ha de ser liberar el trabajo de toda tutela y dominio arbitrario. Sustentado teoréticamente en el republicanismo y realizado prácticamente a través de movimientos de artesanos, obreros y pequeños autónomos reunidos en la Costa Este de Estados Unidos a comienzos del siglo XIX, estos críticos del capitalismo creen que las relaciones laborales burguesas contradicen la promesa normativa de la igual-libertad expresada pocas décadas antes en la Constitución. Aunque, de acuerdo con di-

---

86. A. Honneth, *Der arbeitende Souverän*, cit., p. 32.

cha promesa, los trabajadores serían en adelante libres para aceptar o rechazar los contratos ofrecidos por los propietarios de los medios productivos, la realidad demuestra que en aspectos muy relevantes tales trabajadores siguen dependiendo del arbitrio de los empresarios. Una república democrática, tal es el argumento central, no puede tolerar ningún trabajo asalariado, por lo que se aboga, en la línea de Robert Owen, por la creación de cooperativas de trabajadores.

El tercer y último paradigma de las relaciones laborales existentes es, por fin, el que Honneth quiere defender. Este tercer paradigma, que Honneth resume bajo la categoría de «democracia», comparte con el primero la consideración de que el trabajo comporta un bien de la mayor importancia social. A diferencia de aquel, sin embargo, entiende que el trabajo no es algo intrínsecamente valioso, sino más bien «valioso para un propósito diferente y superior». ¿Cuál es ese propósito diferente y superior? La respuesta de Honneth nos pone ya sobre la pista de su tesis central: «el propósito para el cual el trabajo en nuestro tercer paradigma se entiende como tal bien instrumental es la formación política de la voluntad de todos los ciudadanos de una comunidad»[87]. El trabajo social se considera injustamente repartido en la medida en que obstaculiza que los trabajadores participen activamente y en igualdad de oportunidades en los procesos de formación de la voluntad política.

Este tercer paradigma, que Honneth retrotrae hasta la filosofía del derecho de Hegel y la teoría de la solidaridad de Durkheim, permite conectar la teoría de la democracia con una teoría normativa del trabajo. Esta conexión, como sabemos, está destinada a mostrar has-

87. *Ibid.*, p. 41.

ta qué punto la democracia política depende del cumplimiento de unas condiciones de trabajo justas, más allá de la garantía formal de los derechos de participación política. Ahora bien, esta tesis requiere, como es natural, establecer algún criterio para determinar cuándo las condiciones laborales favorecen o no favorecen esta participación democrática. A fin de esbozar este criterio, que sin duda depende de condiciones culturales difíciles de cuantificar, Honneth propone distinguir cinco puntos «en los que la posibilidad de participar en las prácticas de formación de la voluntad pública está fuertemente determinada por el carácter de la posición en la división social del trabajo». Estos cinco puntos refieren a cinco dimensiones diferentes: económica, temporal, psicológica, social y mental. Con respecto a la primera, es evidente que la participación en los procesos de conformación de una opinión pública política eficaz requiere en primer lugar y ante todo, cierto nivel de independencia económica. En segundo lugar, esta participación requiere también cierta cantidad de tiempo libre[88]. En tercer lugar, sin una adecuada autoconfianza sobre el valor y la capacidad de influencia de los propios pronunciamientos políticos la participación en la opinión pública resulta imposible. En cuarto lugar, el espíritu de cooperación necesario para la deliberación democrática requiere también un acostumbramiento previo, que puede ser cultivado no solamente en la familia o en otras asociaciones culturales o sociales, sino además y de manera prioritaria en el lugar de

---

88. Un interesante estudio sobre las dificultades con que se encuentra la política deliberativa como consecuencia de los procesos de aceleración social lo encontramos en la teoría social de Hartmut Rosa. Véase sobre todo H. Rosa, *Beschleunigung*, Suhrkamp, Fráncfort d. M., 2005; Íd., *Aceleración y alienación*, Katz, Buenos Aires, 2016.

trabajo. Por último, Honneth cree que el tipo de trabajo realizado influye en gran medida en la capacitación
mental para participar en los procesos de formación de
la voluntad política, lo cual significa que los trabajadores enfrentados a una tarea monótona y alienante corren el riesgo de perder habilidades importantes para la
participación política, tales como la iniciativa o la crea-
tividad a la hora de desplegar argumentos.

Todas estas dimensiones, así pues, apuntan a la idea
de una reconfiguración de la división social del trabajo
que puede facilitar una inclusión del *soberano trabajador* en los procesos de conformación democrática de
la voluntad.

Este constituye, por tanto, el último eslabón de una
teoría social que, según hemos tratado de mostrar, se
articula en torno a nociones como «reconocimiento»,
«libertad social» o «eticidad democrática». Hasta ahora, sin embargo, no hemos abordado de forma explícita la relación que una tal teoría social puede tener con
la teoría de la justicia en su sentido filosófico-político
más tradicional, y más particularmente con una teoría
de la justicia *global*. A analizar esta relación quisiera dedicar el quinto y último capítulo.

5

RECONOCIMIENTO Y JUSTICIA GLOBAL[1]

En nuestra reconstrucción del pensamiento de Honneth hemos visto que su proyecto se enmarca más bien dentro de lo que podemos llamar «filosofía social» que de lo que en sentido estricto se ha entendido, al menos durante el último medio siglo, como «filosofía política». Este último término ha estado a menudo limitado a un tipo de estudio muy particular relacionado con las teorías de la justicia, un estudio que, en opinión de Honneth, desatiende otras esferas sociales de la vida moderna de incalculable importancia para la filosofía práctica, tales como el mercado capitalista, la familia o la esfera pública[2]. Esta circunstancia obliga a preguntarse en qué sentido la teoría de la lucha por el reconocimiento, así como las prosecuciones de este paradigma durante las

1. El último capítulo del libro constituye una versión modificada de un artículo que preparé junto con Benno Herzog durante la primavera del año 2023. Véase B. Herzog y C. Ortega-Esquembre, «El reconocimiento de la justicia global — la justicia global del reconocimiento»: *Isegoría* 71 (2024). Quiero agradecer muy sinceramente a Benno Herzog su generosidad a la hora de permitirme utilizar para este proyecto los materiales configurados entre ambos. Asimismo, quiero agradecer a José Manuel Romero Cuevas y a Gianfranco Casuso la cuidadosa lectura y comentarios que realizaron a propósito de dicho artículo.
2. Véase Ch. Zurn, *Axel Honneth*, cit.

últimas dos décadas, pueden ser comprendidas también bajo los parámetros de una teoría de la justicia. Y, adicionalmente, en qué sentido dicho paradigma ofrece algún potencial analítico al discurso contemporáneo, absolutamente decisivo, sobre la justicia *global*.

Desde hace aproximadamente tres décadas, coincidiendo con la publicación del importante y discutido libro de John Rawls *The Law of Peoples*, la pregunta por la posibilidad de una justicia global ha jugado un rol decisivo en las ciencias sociales y la filosofía política[3]. Aunque, naturalmente, esta pregunta está presente en la filosofía moderna al menos desde los tiempos de Kant[4], la filosofía y la teoría social contemporánea, empujada por la constatación de las impresionantes tasas de pobreza extrema, desigualdad material, violación de derechos humanos básicos o estructuras de dominación neocolonial, ha replanteado diversas vías para elevarse por encima de los hoy insuficientes límites del Estado nación y lograr una articulación institucional de la justicia a nivel planetario. Ciertamente, el texto de Rawls hacía de los pueblos o Estados, y no de las personas, la unidad última de las consideraciones normativas, desechando en este sentido el establecimiento de una replicación de la teoría doméstica de la justicia en el nivel global. No obstante, con el cambio de milenio ha surgido una importante posición que, enfrentándose a las tesis internacionalistas de Rawls, reivindica con Kant lo que podemos denominar *justicia cosmopolita*[5].

---

3. J. Rawls, *The Law of Peoples*, Harvard University Press, Cambridge (MA), 2001.

4. I. Kant, *La paz perpetua*, Tecnos, Madrid, 2013.

5. Véanse, entre otras, las siguientes contribuciones: Th. Pogge, *World Poverty and Human Rights: Cosmopolitan Responsabilities and Reforms*, Polity, Londres, 2002; K. Tan, *Justice without Borders*, Cambridge University Press, Cambridge (MA), 2004; J. Habermas, «El proyecto

De acuerdo con esta postura, son las personas mismas, y no los pueblos o Estados, las que han de ser depositarias de derechos vinculantes en el plano global.

En el nivel doméstico o nacional, las teorías contemporáneas de la justicia, centradas prioritariamente en el principio de igualdad, se han dividido en dos grandes corrientes: los llamados igualitaristas *distributivos* o igualitaristas *de la suerte*, donde ocupa un rol destacado Gerald Cohen, y los igualitaristas *relacionales*, donde destaca sobre todo la figura de Elizabeth Anderson[6]. Mientras que los primeros creen que la clave de la teoría de la justicia debe ser la imparcialidad en la distribución de los recursos o bienes materiales, los segundos hacen de las relaciones sociales de reconocimiento el elemento prioritario. Al margen de los debates establecidos entre los partidarios del derecho internacional clásico y los defensores de un nuevo marco moral-jurídico cosmopolita, el discurso sobre la justicia global está hoy dominado por la primera de estas corrientes, es decir, por la justicia distributiva. En lo que sigue me gustaría analizar la potencia analítica que la *otra* corriente, y en concreto la defendida por Axel Honneth, puede ofrecer al discurso contemporáneo sobre la justicia *global*. A excepción de algunas contribuciones importantes[7], las vinculaciones entre la teoría del reconocimiento de

kantiano y el horizonte escindido», en Íd., *El Occidente escindido*, Trotta, Madrid, ³2024, pp. 113-188; Th. Nagel, «The Problem of Global Justice»: *Philosophy and Public Affairs* 33/2 (2005), pp. 113-147; M. Nussbaum, *La tradición cosmopolita*, Paidós, Barcelona, 2020; A. Cortina, *Ética cosmopolita*, Paidós, Barcelona, 2021.

6.   Para esto véase J. Mora, *¿Igualdad para qué? Una propuesta de igualitarismo pluralista para el siglo XXI*, cit.

7.   Véase R. D. Pilapil, «Beyond Redistribution: Honneth, Recognition Theory and Global Justice», cit.; V. Heins, «Of persons and peoples: Internationalizing the critical theory of recognition», cit.; T. Burns y S. Thompson (eds.), *Global Justice and the Politics of recognition*, cit.

Honneth y el discurso sobre la justicia global resultan escasas y poco sistemáticas. Tal vez ello se deba a las reservas que el propio autor ha manifestado siempre a la hora de aplicar su modelo teórico al ámbito global. ¿Sirve, en último término, la teoría de la lucha por el reconocimiento para articular una teoría de la justicia global que vaya más allá del paradigma redistributivo actualmente dominante?

A fin de contestar a esta pregunta, en lo que sigue daré cuatro pasos argumentativos. En primer lugar, analizaré si la teoría de la lucha por el reconocimiento de Honneth puede ser comprendida, en algún sentido razonable, como una teoría de la justicia, tal y como este término viene siendo utilizado en la literatura especializada desde la publicación en 1971 de *Teoría de la justicia*[8]. En segundo lugar, expondré algunos rasgos elementales del discurso contemporáneo sobre la justicia global. Tras ello trataré de sacar a la luz, en tercer lugar, los elementos para una teoría de la justicia global ya presentes en el modelo de Honneth. Por último, expondré algunas razones sistémicas que dificultan la comprensión de la obra de Honneth en tales términos.

I. LA TEORÍA DEL RECONOCIMIENTO
COMO TEORÍA DE LA JUSTICIA

Quisiera sostener en este punto que, dentro del marco general de la teoría del reconocimiento diseñada por Honneth, la justicia puede ser entendida como la garantía de las condiciones sociales que posibilitan el reconocimiento de la identidad de los individuos, y en consecuencia también la consecución de una relación consigo

8. J. Rawls, *Teoría de la justicia*, FCE, México, 2012.

mismos lograda o exitosa, a la que Honneth ha denominado «autorrealización».

Como sabemos, aunque Honneth recurre de forma más o menos explícita al marco hegeliano del reconocimiento en sus textos de finales de los años ochenta[9], lo cierto es que solamente en el libro de 1992 *La lucha por el reconocimiento* logra articular una propuesta sistemática de filosofía social que hace de la noción de reconocimiento el núcleo mismo del análisis. Alejándose ya de forma muy evidente de la alargada sombra proyectada por la teoría de la acción comunicativa de Habermas, Honneth ofrece ahora un modelo de teoría crítica de la sociedad en el que los procesos del cambio social se explican «en referencia a pretensiones normativas estructuralmente depositadas en la relación del reconocimiento recíproco»[10]. A este modelo subyace, como sabemos, la denominada tesis de la individuación por socialización, defendida antes de Honneth por autores como Hegel, Mead, Habermas o Taylor. De acuerdo con esta tesis, la configuración de la identidad subjetiva depende de un proceso de socialización en el que el reconocimiento por parte del resto de sujetos juega un papel determinante. Tras exponer las tres formas de reconocimiento que ponen las condiciones de posibilidad para una autorrealización completa, Honneth había sistematizado aquellas ofensas bajo cuya presión la lucha por el reconocimiento avanza hacia formas cada vez más ampliadas.

Sobre la base de estos supuestos filosóficos, parece razonable afirmar que la teoría de la lucha por el reco-

9. A. Honneth, «Desarrollo moral y lucha social. Enseñanzas de filosofía social de la obra temprana de Hegel», en Íd., *Crítica del agravio moral*, cit., pp. 197-224.
10. A. Honneth, *La lucha por el reconocimiento*, cit.

nocimiento puede ser interpretada en términos de una teoría de la justicia. Ciertamente, con su recuperación de Hegel, Honneth ha saltado más allá de las teorías de la justicia redistributiva, pues a su modo de ver la lucha social, incluida la propia lucha por la redistribución de recursos, no se funda en «posiciones de intereses» dramatizables en alguna forma de posición original, sino más bien en «sentimientos morales de injusticia» y formas de sufrimiento social. Semejante modelo también va claramente más allá de las concepciones procedimentalistas de la justicia procedentes de Kant, pues no pone el foco en los presupuestos idealizantes de la argumentación, tal y como habían hecho Habermas y Apel, sino precisamente en las pretensiones preargumentativas que los sujetos se dirigen recíprocamente en forma de expectativas de reconocimiento consideradas legítimas. En este sentido, el argumento de Honneth se mueve mucho más cerca de la filosofía social y moral que de la filosofía política, ámbito natural de florecimiento de las modernas teorías de la justicia. ¿Significa esto que la teoría de la lucha por el reconocimiento no puede ser interpretada como una teoría de la justicia? Si por «teoría de la justicia» entendemos exclusivamente la oferta de principios abstractos desde los que estructurar una «sociedad bien ordenada», como dice Rawls, entonces la respuesta obviamente tiene que ser afirmativa. A Honneth no le interesa *descubrir* o *construir* principios abstractos de justicia, sino *reconstruir* la motivación moral que subyace a las luchas sociales. No obstante, esta reconstrucción puede perfectamente ser interpretada como una nueva versión de la teoría de la justicia, pues en último término su objetivo es definir las condiciones apropiadas para que los individuos puedan acceder a formas de vida justas y autorrealizadas. Tal y como señala José Manuel Romero Cuevas, es precisamente la existencia de tales

156

condiciones lo que define un contexto particular como justo, dándose en este sentido una concepción de la justicia plural —es decir, de acuerdo a parámetros normativos diversos en función de las esferas— y teleológica —es decir, orientada a la autorrealización—[11]. Honneth ofrece así un concepto formal de vida buena o eticidad que actúa como canon para la crítica de las relaciones sociales efectivamente existentes. Tal y como tratamos de mostrar en el segundo capítulo, este concepto no remite en ningún caso, al contrario de lo que a veces se ha sugerido, a convicciones valorativas sustanciales asociadas a una forma particular de tradición, sino tan sólo al conjunto de condiciones de reconocimiento que actúan como presupuesto necesario para una autorrealización individual completa. Honneth se mueve, en este sentido, más allá del procedimentalismo habermasiano y más acá del comunitarismo aristotélico[12]. A su modo de ver, una teoría de la justicia no puede excluir por principio la pregunta por *lo bueno*, sino que requiere esbozar una imagen general de lo que constituiría el bien humano. Esta idea del bien no refiere, como acabamos de ver, a convicciones valorativas sustanciales, sino que tan sólo perfila «el lugar y el para qué de la justicia». La justicia debe ser entendida, en este sentido, como garantía de condiciones sociales para el reconocimiento mutuo en las tres esferas exploradas: el amor, el reconocimiento jurídico y la valoración social.

En su obra de 2011 *El derecho de la libertad*, Honneth había vuelto a hacer explícita esta vinculación en-

11. J. M. Romero Cuevas, *Crítica e historicidad*, Herder, Barcelona, 2010, cap. V.

12. A. Honneth, «Zwischen Aristoteles und Kant. Skizze einer Moral der Anerkennung», en Íd., *Das Andere der Gerechtigkeit*, Suhrkamp, Fráncfort d. M., 2000, pp. 171-192.

tre la filosofía social crítica y la teoría de la justicia, si bien moviéndose en este caso en el marco de una comprensión de la libertad, llamada «libertad social», en la que la autonomía de los individuos no se logra en contra de la sociedad, sino precisamente con ella. En efecto, Honneth parte de una crítica contra el carácter excesivamente abstracto y principialista de las teorías actuales de la justicia, que se mueven «aisladas de la eticidad de las prácticas y las instituciones dadas», para adoptar una perspectiva inmanente o reconstructiva. Siguiendo esta perspectiva, Honneth se esfuerza por mostrar en qué sentido las instituciones de la modernidad permiten ya la realización de la libertad, garantizando así un marco que perfectamente puede ser comprendido en términos de una renovada teoría inmanente de la justicia. O, dicho de otra forma, en las instituciones de la modernidad han quedado encarnados aquellos principios normativos que constituyen el único sustento posible de aquello que entendemos como «justicia». Según vimos en el capítulo cuarto, para que esta «reconstrucción normativa de la eticidad postradicional» tenga éxito, antes es preciso ofrecer una definición de esos principios normativos generales, y la tesis central al respecto es que en la modernidad todos ellos quedan reunidos en torno al principio supremo de la libertad individual. El modelo de justicia incluido en esta propuesta apuntaría entonces a la institucionalización social de condiciones que permiten a los individuos percibirse como libres en y a través de la comunidad.

II. EL PROBLEMA DE LA JUSTICIA GLOBAL

Una vez tenemos presente en qué sentido la propuesta de Honneth puede ser comprendida como una teoría de la justicia, debemos preguntarnos, antes de estudiar el potencial analítico de dicha propuesta para el discurso contemporáneo sobre la justica global, cuáles son los rasgos elementales de este discurso. La pregunta de partida de esta discusión, que, pese a remontarse al menos hasta los tiempos de Kant, adquirió nuevo vigor sobre todo a partir de la publicación en 1993 del texto de Rawls *The Law of Peoples*, es si el Estado nación sigue siendo una organización políticamente eficaz en el contexto de globalización actual, así como si resulta posible, y si sí, en qué sentido, hablar de una justicia que trascienda los límites de dicha forma de organización política. Si la respuesta a la segunda pregunta fuera positiva, ¿podría la teoría de la justicia global basarse en los mismos principios diseñados para el nivel nacional o doméstico? Ciertamente, la respuesta de Rawls es negativa. Ya desde las primeras páginas de *Teoría de la justicia*, Rawls advierte que su teoría está pensada para aplicarse a la estructura básica de una sociedad estatal bien ordenada, pero no para dar cuenta del tipo de relaciones internacionales que puedan establecerse entre diferentes Estados. En este sentido, en *The Law of Peoples* Rawls no se ocupa de replicar los principios de la libertad y la diferencia en el marco de una presunta sociedad global bien ordenada, sino que se limita a estudiar las relaciones internacionales entre los diversos pueblos o Estados.

Frente a esta postura, en las últimas décadas han surgido posiciones cosmopolitas que reivindican la idea de una justicia global en un sentido mucho más exigente que el contenido en la idea del derecho internacional. Estas posturas parten de la tesis de que el Estado nación ya no tiene capacidad para abordar sus propias tareas, y ello por razones tanto internas —por ejemplo, la imposibilidad de mantener identidades nacionales comunes en sociedades que, debido a los flujos migratorios, tienen un carácter cada vez más multicultural— como externas —la existencia de problemas globales como la desigualdad, la externalización o la crisis ecosocial[13]—. Sobre la base de esta convicción, los autores cosmopolitas defienden diversas versiones, más o menos exigentes, de justicia global: ya sea en forma de una gobernanza mundial en sentido estricto, ya en la de algún tipo de confederación de Estados que conservan su autonomía, ya en la de un cosmopolitismo ético que fomenta la superación del significado moral de las fronteras nacionales[14].

El cosmopolitismo, ya se lo entienda como una forma de organización político-social o como una forma de vida éticamente orientada, posee una larga historia en el pensamiento occidental. Martha Nussbaum ha argumentado que el cosmopolitismo moderno es una herencia directa del filósofo presocrático Diógenes el Cínico, cuya célebre respuesta a la pregunta por su lugar de procedencia suele considerarse como momento seminal de la tesis cosmopolita: «Soy ciudadano del mundo». Tras este episodio, son fundamentalmente los estoicos, entre ellos Séneca o Marco Aurelio, los que desarrollaron la idea de una ciudadanía mundial, entendiendo que cada persona habita en dos comunidades diferentes: la comunidad local en la que nacemos y la comunidad común de los seres humanos, de donde

---

13.   Para la cuestión de las desigualdades a nivel planetario y las relaciones de externalización establecidas entre el norte y el sur global, véase S. Lessenich, *La sociedad de la externalización*, Herder, Barcelona, 2019. Una reciente y excelente presentación de los problemas más acuciantes de la crisis ecosocial la encontramos en E. Santiago y H. Tejero, *¿Qué hacer en caso de incendio?*, Capitán Swing, Madrid, 2019.

14.   Para esto véase D. Miller, *Filosofía política: una breve introducción*, cit.

brotan en realidad nuestras obligaciones morales[15]. Filtrada por una multitud de tradiciones de pensamiento, tanto religiosas como seculares, esta creencia alcanzó su elaboración más sistemática en el pensamiento político de Kant.

Kant parte de una convicción ética fundamental, a saber, que todos los seres humanos poseemos el mismo estatus moral, que todos somos, de acuerdo con su célebre formulación del imperativo categórico, *fines en sí mismos*, y por tanto merecedores de idéntico respeto[16]. Para materializar la sociedad que alcanzara a satisfacer esta impresionante exigencia normativa, no bastaría con una educación ciudadana inspirada por el ideal cosmopolita, sino que sería precisa además una realización institucional, la instauración de una forma de derecho cosmopolita que conduzca a lo que Kant llama «la paz perpetua» entre los Estados[17]. Siguiendo el esquema de la tradición contraactualista, a la que naturalmente él mismo pertenece, Kant cree que de igual forma que antes de la firma del pacto social los individuos viven en un estado de naturaleza permanentemente amenazado por la violencia, antes de la construcción de la sociedad cosmopolita los Estados viven en un estado de naturaleza en el que siempre está presente la guerra o la amenaza de guerra. Como es sabido, la respuesta kantiana a la pregunta sobre la forma institucional de esa sociedad cosmopolita es ambigua. Kant ofrece dos posibles modelos para una sociedad cosmopolita. El primer modelo tendría la forma de una federación de Estados unidos por lazos de amistad, y en realidad no sería algo

---

15. Véase M. Nussbaum, «Patriotismo y cosmopolitismo», en Íd. *et al.*, *Los límites del patriotismo*, cit., pp. 13-29.

16. I. Kant, *Fundamentación de la metafísica de las costumbres*, cit.

17. I. Kant, *Sobre la paz perpetua*, cit.

muy diferente de lo que efectivamente tenemos hoy en día en términos de derecho internacional o derecho de gentes. El segundo modelo tendría la forma, desde luego mucho más ambiciosa, de un Estado mundial con capacidad coactiva, en el que los ciudadanos estarían dotados de un derecho verdaderamente cosmopolita. Este modelo parte de la tesis, cuyo origen hay que retrotraer hasta Hobbes, de que la justicia depende de la existencia de una soberanía estatal, de suerte tal que no puede existir justicia si no existe también un soberano capaz de sancionar, mediante la fuerza coactiva del Estado, el no cumplimiento de las normas que rigen la vida de todos los ciudadanos. En este sentido, se trataría de articular una suerte de república mundial formada por ciudadanos del mundo.

No es este, desde luego, el lugar en el que discutir las virtualidades y límites de cada una de estas alternativas. Evidentemente, el discurso contemporáneo sobre el cosmopolitismo y la justicia global parte de la constatación de que este ideal ético está lejos de haberse materializado. El desmentido histórico del ideal cosmopolita ha de ser buscado en los flagrantes niveles de desigualdad material que se dan a nivel mundial[18]. Tal y como lo expresa Thomas Nagel, «la tesis menos controvertida que uno puede hacer en el ámbito de la teoría política es que existe una injusticia global»[19]. La existencia de desigualdades entre los diferentes Estados y entre los miembros de un mismo Estado, la falta de derechos básicos en determinadas regiones del planeta o la existencia de agresiones entre Estados es algo con

18. Para esto véase T. Pogge, *World Poverty and Human Rights: Cosmopolitan Responsabilities and Reforms*, cit.; J. Sachs, *El fin de la pobreza*, Debate, Barcelona, 2005.
19. Th. Nagel, «The Problem of Global Justice», cit.

lo que convivimos cotidianamente. Desde luego, existen ya formas institucionalizadas de justicia global, que se suponen garantizadas por el derecho internacional. Estas formas tienen que ver con aspectos como los estándares que deben gobernar las guerras sin incurrir en crímenes contra la humanidad o la protección de ciertos derechos básicos de los individuos y los grupos étnicos. La injusticia global muestra su rostro más despiadado cuando, como ocurre en la actualidad tanto en el Este de Europa como en Oriente Próximo, estas formas normativas son sistemáticamente violadas.

III. ELEMENTOS DE UNA TEORÍA DE LA JUSTICIA GLOBAL EN LA OBRA DE AXEL HONNETH

Una vez presentada, en primer lugar, la teoría del reconocimiento como teoría de la justicia que va más allá del paradigma redistributivo y, en segundo lugar, algunos rasgos elementales del discurso contemporáneo sobre la justicia global, podemos preguntarnos ahora por la posibilidad de entender el modelo de Honneth también como una teoría de la justicia *global*. Enmarcado en condiciones sociales de producción global, el paradigma de la justicia como redistribución tenía que plantearse cuestiones relacionadas con la distribución global de bienes. De forma similar, la teoría del reconocimiento está obligada a enfrentar el problema del tipo de relaciones de reconocimiento asimétrico que se reproducen a nivel planetario. Sin embargo, cualquier intento de trasladar la teoría del reconocimiento desde el ámbito doméstico al ámbito global tendría que poder dar respuesta, al menos, a las siguientes preguntas: ¿tendría la teoría global exactamente la misma forma que la teoría doméstica, o más bien existirían dos o más tipos de gramáticas morales del reconocimiento?; ¿seguirían siendo las personas los objetos últimos de reconocimiento, o lo serían más bien los pueblos o Estados?[20].

Como Rawls, también Honneth ha afirmado siempre que su teoría está pensada para reconstruir las gramáticas morales existentes dentro de sociedades occidentales altamente desarrolladas. En este sentido, no es muy sorprendente la ausencia casi total de la perspectiva global en la construcción de su teoría[21]. Ahora bien, pese a ello se pueden identificar algunos elementos dentro de su obra que apuntan a una perspectiva global. Sobre todo como consecuencia de los múltiples debates en que se ha visto envuelto desde los años noventa, Honneth ha tenido que pronunciarse, de una forma desde luego solamente fragmentaria y no sistemática, sobre la cuestión de la justicia global. Especialmente tras su debate con Nancy Fraser, que nosotros reconstruimos en el capítulo anterior, Honneth diferencia más claramente entre el núcleo de una antropología débil y las particularidades y contingencias históricas en las que los individuos pueden encontrar una relación positiva consigo mismos. El núcleo apunta, desde luego, al reconocimiento como una práctica humana *universal*. En todas las sociedades, los seres humanos están incluidos en estructuras o instituciones relativamente estables, que podemos entender como relaciones morales que afectan a las posibilidades de la autorrealización práctica. En este sentido, el objetivo de la justicia global no puede que-

---

20. S. Thompson, «Recognition Beyond the State», en T. Burns y S. Thompson (eds.), *Global Justice and the Politics of Recognition*, cit., pp. 88-107.

21. Véase sobre esto M. F. Ibsen, *A critical theory of global justice: the Frankfurt School and world society*, Oxford University Press, Oxford, 2023.

dar agotado en el nivel de la redistribución de recursos, sino que ha de apuntar también a la garantía de un acceso universalmente igual a las oportunidades de hallar una autorrelación no distorsionada[22].

Como se puede ver, en la propia obra de Honneth podemos encontrar un núcleo último en el valor universal de la autorrelación no distorsionada, un núcleo que se basa en una antropología débil de acuerdo con la cual la identidad de los seres humanos depende estructuralmente de relaciones de socialización. Ello no implica, sin embargo, que la teoría doméstica del reconocimiento pueda extrapolarse sin más al ámbito global. Si bien se puede pensar que algún tipo de amor o reconocimiento de las necesidades afectivas es universal —aunque su forma concreta sea históricamente contingente—, ya la pretensión de igualdad, y sobre todo la valoración de las capacidades y contribuciones que el individuo hace a la sociedad, dependen de marcos institucionales concretos altamente diversos. Incluso el marco de la tripartición de las esferas de reconocimiento representa una forma particular de ordenación social, típica de las sociedades burguesas, que no puede ser considerada universalmente válida.

Pese a todo, con la antropología débil ofrecida por Honneth se puede avanzar en la dirección de una teoría global del reconocimiento, pues, como dice el propio autor, «la pregunta por la justicia solamente se deja responder de modo adecuado si hacemos antes un cuadro del bien humano, aunque sea muy abstracto o quizás muy elemental o frágil»[23]. Con esta perspectiva, para

---

22. R. Pilapil, «Beyond Redistribution: Honneth, Recognition Theory and Global Justice», cit.

23. A. Honneth, «Entrevista», en F. Cortés, «Reconocimiento y justicia. Entrevista con Axel Honneth»: *Estudios políticos* 27 (2005), pp. 9-27.

Honneth, la justicia no apunta tanto a una correcta distribución de bienes, servicios o derechos que cada uno, y especialmente los subalternos y los pobres globales, deben poseer, sino más bien a una configuración específica de las relaciones sociales. La redistribución de bienes, la configuración concreta de derechos o el acceso a servicios serían entonces funciones secundarias de reconocimiento. En la medida en que las relaciones sociales de las personas y grupos subalternos incluyen también —en un contexto global de comunicación, poder y producción— el contacto con los grupos dominantes globalmente, también podemos hablar de un contexto global de reconocimiento que requiere formas estables de relaciones sociales que faciliten una autorrelación no distorsionada.

Desde este punto de vista, es posible incluso interpretar formas actualmente existentes de redistribución global, sobre todo aquellas vinculadas a la obra caritativa, como una forma de reconocimiento falso, es decir, como un tipo de desprecio que ocasiona sentimientos de vergüenza y humillación social. La ayuda al desarrollo presentada como regalo o donación establece en este sentido relaciones desiguales de poder, manteniendo al receptor en una situación de deuda moral con los países donantes[24]. Enmarcados en una relación de tipo sujeto-objeto, los subalternos son tratados en este sentido, según afirma Gustavo Pereira, como meros «objetos de justicia» y no como agentes de la propia justicia[25]. Por lo demás, este enfoque desatiende sistemáticamente la cuestión decisiva de cómo fue creada originariamente

24.   R. Pilapil, «Beyond Redistribution: Honneth, Recognition Theory and Global Justice», cit.
25.   G. Pereira, «Condiciones de posibilidad para una justicia global»: *Isegoría* 30 (2014), pp. 107-126.

la riqueza de los países ricos, mostrándose ajena a debates hoy claves en la filosofía y la teoría social como el colonialismo o la externalización[26]. Las perspectivas clásicas de la justicia redistributiva, ya sean teorías globales o nacionales, se muestran ciegas frente al potencial de desprecio tanto de la pobreza como de la redistribución. Bajo el propio esquema de la teoría del reconocimiento, por el contrario, la desigualdad global no se presenta como una *mera* privación de recursos materiales, sino como un contexto en el que las relaciones de reconocimiento mutuo aparecen distorsionadas. Esto es lo que Pilapil denomina la «dimensión no económica de la pobreza». El lenguaje del reconocimiento nos permite en este sentido avanzar en la dirección de una teoría global de la justicia que va más allá del paradigma redistributivo. Esto no significa que el fenómeno de la desigualdad pueda ser interpretado únicamente en términos de falta de reconocimiento simbólico, prescindiendo de aquello que efectivamente le es más constitutivo: la asimetría en el reparto de riqueza material. Esta posición resultaría, por lo demás, ideológica en su sentido marxista.

Para acercarse a la perspectiva global, Honneth explora en un ensayo tentativo si la teoría del reconocimiento también sirve para entender mejor las relaciones internacionales entre Estados[27]. De forma consecuente,

26. Véase S. Lessenich, *La sociedad de la externalización*, cit.; A. Quijano, «Colonialidad del poder, eurocentrismo y América Latina», en E. Lander (comp.), *La colonialidad del saber: eurocentrismo y ciencias sociales. Perspectivas latinoamericanas*, CLACSO, Buenos Aires, 2000; S. Castro-Gómez, «¿Qué hacer con los universalismos occidentales? Observaciones en torno al 'giro decolonial'»: *Analecta Política* 7/13 (2007), pp. 249-272.

27. A. Honneth, «Anerkennung zwischen Staaten. Zum moralischen Untergrund zwischenstaatlicher Beziehungen», en Íd., *Das Ich im Wir. Studien zur Anerkennungstheorie*, Suhrkamp, Berlín, 2010, pp. 181-201.

el autor admite que su vocabulario teórico está demasiado vinculado a conceptos psicológicos, tales como los de «fuente motivacional», «autorrealización» o «sufrimiento», como para ser aplicado sin más a actores estatales. La analogía doméstica no funciona en el caso de las relaciones entre Estados, pues la teoría del reconocimiento está pensada para dar cuenta de la constitución identitaria de los individuos. No obstante, Honneth añade que esos actores estatales tienen que tener en cuenta las pretensiones de reconocimiento de su propia población. En este y en otros textos exploratorios, Honneth apunta ya hacia algún tipo de estructura, red, institución supraestatal o «sistema denso de alianzas que incluyera tanto Estados como organizaciones sociales»[28] con capacidad de intervenir en asuntos de derechos humanos, preferentemente mediante «la cooperación con fuerzas internas de la reforma política y social». En otro lugar, no obstante, Honneth se imagina, en una línea que él mismo reconoce como muy cercana a la de Habermas, el sistema de reconocimiento global de derecho según el modelo de una *única* institución supranacional que seguiría básicamente el modelo del Estado de derecho occidental[29].

En estas consideraciones se hace notar el debate, mencionado más arriba, entre las posturas internacionalistas y las posturas cosmopolitas. Tal y como señala Volker Heins, la teoría de Honneth parece oscilar entre un modelo cosmopolita de «expansión global de los derechos humanos», y un modelo más bien cercano al anticosmopolitismo que encontramos en el Rawls de

28. A. Honneth, «Universalismus als moralische Falle? Bedingungen und Grenzen einer Politik der Menschenrechte»: *Merkur* 546 (1994), pp. 867-883.
29. A. Honneth, «Entrevista», cit., p. 17.

The law of peoples[30]. Mientras que en algunos contextos Honneth habla de justicia internacional, siendo en este sentido los Estados o los pueblos las unidades morales últimas, en otros apuesta directamente por una justicia global en sentido cosmopolita. Como es obvio, el primer caso, el referido a la justicia entre Estados, presenta el inconveniente de que no necesariamente tiene que afectar a la situación de las personas dentro de cada nación, que puede seguir pese a todo siendo estructuralmente injusta. A diferencia de ello, en el enfoque cosmopolita, que Honneth hace valer con su postura a favor de intervenciones «humanitarias» para garantizar los derechos humanos, la unidad última son todos los seres humanos. Este segundo caso presenta, a su vez, otros problemas importantes. En primer lugar, Honneth infravalora la naturaleza problemática de estos derechos, que de ninguna manera son reconocidos universalmente como un fundamento neutral para la solución de crisis internacionales. En segundo lugar, la idea de una progresiva institucionalización de derechos humanos «desde fuera» entra en colisión con el núcleo mismo de la teoría del reconocimiento, para la cual el progreso moral no puede proceder de intervenciones externas, sino que constituye el resultado de una lucha moral *interna* impulsada por las experiencias de menosprecio de los propios afectados. En este sentido, una intervención desde fuera debe tener ante todo como objetivo crear las condiciones para que las diversas pugnas sociales dentro de una sociedad puedan expresarse y negociarse.

Como vemos, hasta el momento Honneth no ha desarrollado una teoría sistemática de la justicia global.

---

30. V. Heins, «Of persons and peoples: Internationalizing the critical theory of recognition», cit.

No obstante, empujado por los múltiples debates que se desarrollan alrededor de su trabajo, se ha visto obligado a reflexionar sobre el potencial global de su teoría. Aunque estas reflexiones son fragmentarias y exploratorias, atisban ya el intento de añadir un enfoque moral, en términos de teoría del reconocimiento, a las perspectivas clásicas de redistribución global. Todas estas reflexiones presentan un intento de *aplicar* la teoría del reconocimiento o de la libertad social a las relaciones globales. En ningún momento, sin embargo, Honneth emprende la tarea de tener en cuenta las relaciones globales ya en *la elaboración* de su teoría. Y esto tiene importantes consecuencias para la teoría misma, como trataré de mostrar a continuación.

IV. LÍMITES DEL MODELO DE AXEL HONNETH PARA UNA TEORÍA DE LA JUSTICIA GLOBAL

Independientemente de nuestras consideraciones anteriores, existen algunos argumentos importantes para pensar que la obra de Honneth no es de gran ayuda a la hora de fundamentar una teoría de la justicia global. El principal escollo a la hora de aplicar la teoría del reconocimiento al ámbito global salta a la vista con sólo observar el tipo de método «reconstructivista» o «inmanente» utilizado por Honneth en su filosofía social. De acuerdo con este método, que procede naturalmente de Hegel, los estándares de reconocimiento legítimo —o, usando el lenguaje de obras posteriores, los estándares de la libertad social— están ya institucionalizados, aunque de forma insuficiente, en las sociedades liberal-democráticas con que se confronta críticamente la propia teoría. Tal y como afirman Tony Burns y Simon Thompson, los teóricos del reconocimiento que,

como Honneth o Taylor, siguen la estela del institucionalismo hegeliano entienden que «las relaciones de reconocimiento tienen lugar en el contexto del horizonte
de un mundo de la vida histórico particular»[31]. Si esto es
así, entonces el progreso o la emancipación queda entendido como una materialización de aquellas formas
de reconocimiento cuyos parámetros normativos están
ya institucionalizados en principio. O, dicho con otras
palabras, el método reconstructivo obliga a Honneth a
entender el progreso o la emancipación como una pro-
longación de un proceso histórico situado en un contexto social particular. Como sabemos, en su debate con
Nancy Fraser, Honneth ya había reconocido que su teoría queda limitada al tipo de conflictos que aparece en
el interior de las sociedades capitalistas altamente desarrolladas. Honneth tiene que emplear entonces como
criterio normativo de su reconstrucción los tres principios del reconocimiento que, *en nuestras sociedades*,
«rigen cuáles son las expectativas legítimas que pueden
tener los miembros de la sociedad»[32]. Esto equivale a
afirmar la «superioridad moral de la modernidad dando por supuesto que su constitución normativa es el resultado de un desarrollo dirigido anterior»[33].

Honneth defiende en este sentido, tal y como lo
ha expresado Amy Allen, una noción retrospectiva del
progreso de acuerdo con la cual el pasado puede ser
entendido como un proceso de aprendizaje que llega
hasta nosotros[34]. El «avance decisivo hacia el moder-

---

31.   T. Burns y S. Thompson (eds.), *Global Justice and the Politics
of recognition*, cit., p. 14.
32.   A. Honneth, «Redistribución como reconocimiento: respuesta
a Nancy Fraser», cit., p. 137.
33.   *Ibid.*, p. 144.
34.   A. Allen, *The end of progress*, Columbia University Press, Nueva York, 2017.

no orden social capitalista liberal», dice Honneth, puede ser razonablemente interpretado como un *progreso moral*, pues con él se institucionalizan esferas de reconocimiento que incrementan las posibilidades de individualización e inclusión social. La noción de progreso que Honneth pone aquí en juego tiene sentido en la medida en que refiere a un proceso de aprendizaje sociomoral que, analizado *a posteriori*, puede ser entendido efectivamente como tal proceso de aprendizaje sobre la base de parámetros normativos que *nosotros* hemos asumido como válidos. Estos parámetros, por ejemplo, la igualdad jurídica entre hombres y mujeres o el igual respeto a todas las personas al margen de sus orientaciones sexuales, pueden a su vez perfectamente ser asumidos posteriormente por otras sociedades, en la medida en que se trata de avances morales *objetivos*. Ahora bien, en una sociedad global en la que el «progreso» de Occidente está inseparablemente vinculado a la situación asimétrica con respecto a otras partes del mundo, el «nosotros» sólo puede ser la expresión de una exclusión deliberada.

De su lectura de las prácticas e instituciones de la sociedad moderna europea, como prácticas e instituciones que posibilitan ya el desarrollo del reconocimiento y la libertad social, puede inferirse con facilidad la tesis de que dicha sociedad resulta evolutivamente superior a las sociedades premodernas o no modernas. Con esta reivindicación, Honneth se ha convertido, como es obvio, en el blanco de la crítica procedente del pensamiento de- y poscolonial. Existen, es evidente, buenas razones para poner en duda la validez de estos supuestos. ¿Realmente podemos hablar de progreso moral para el caso de sociedades cuyo éxito está estrechamente vinculado —e incluso basado— en la explotación, la colonización y el genocidio? A un autor crítico no ha podido pasársele por alto la medida en que el desarrollo de la modernidad occidental históricamente se basó en la colonización y la explotación. La prosperidad de los países europeos en la era moderna, empezando por los imperios español y portugués durante el siglo XVI y culminando en los imperios inglés, belga y francés entre los siglos XVIII y XX, se sustentó sobre la colonización de los países del sur global, de los que extrajeron recursos naturales y fuerza de trabajo esclava. Pese a que el colonialismo suele ser entendido por la teoría social occidental como un fenómeno premoderno, lo cierto es que constituye un elemento esencial para la propia configuración de la modernidad. La liquidación política del sistema colonial, que se produjo solamente en la segunda mitad del siglo XX, no ha puesto fin ni mucho menos a los estragos culturales, económicos y políticos de este proceso. Existe hoy un importante número de autores que formulan una sugerente crítica epistemológica, económica y política contra el influjo de los paradigmas occidentales sobre el sur global. Desde los diagnósticos de Frantz Fanon sobre la violencia existente en los países una vez colonizados y la naturaleza de las luchas por la liberación, hasta las actuales críticas al eurocentrismo del presuntamente universal pensamiento ilustrado, estos autores han desafiado con inusitada fuerza de convicción la historia de la modernización hasta hace poco hegemónica[35].

Movido por estas críticas, muy recientemente Honneth ha dado un importante paso hacia lo que podemos denominar una «decolonización» de la tradición de filosofía social europea en la que él mismo se inscribe.

---

35.   F. Fanon, *Los condenados de la tierra*, Txalaparta, Pamplona, 1999; G. K. Bhambra y J. Holmwood, *Colonialism and modern social theory*, Polity, Londres, 2021.

Honneth reconoce ahora explícitamente la necesidad de «examinar retrospectivamente la historia del pensamiento europeo en busca de sus huellas coloniales»[36], y al hacerlo, incorpora a su interpretación del progreso histórico un elemento fundamental nunca suficientemente tenido en cuenta por aquellos que, como Kant, Hegel, Habermas o él mismo, interpretaron siempre el proceso de modernización en términos de un progresivo despliegue de la razón en el mundo. Honneth reconoce ahora la necesidad de ser sensible al hecho de que la idea de progreso ha sido utilizada demasiado habitualmente para justificar una superioridad moral que, a la postre, sirve a los fines de un mantenimiento de las estructuras de dominación.

Al margen de esta reciente autorrectificación, la forma de proceder reconstructivista o inmanente empleada por Honneth ya desde comienzos de los años noventa hace muy difícil la extrapolación de su propuesta al ámbito global. Honneth no contempla en ningún momento ni otras institucionalizaciones de sus tres formas de reconocimiento, heredadas del análisis hegeliano de la sociedad burguesa, ni formas de reconocimiento que vayan más allá de estas tres esferas[37]. Cuando piensa, por ejemplo, en las relaciones de derecho que deben confirmar la responsabilidad moral de los individuos, tiene en mente el Estado occidental con su división de poderes y sus garantías legales. Lo mismo ocurre cuando se confronta con la valoración social que el sujeto obtiene en función de sus contribuciones concretas. De

---

36. A. Honneth, «Der lange Schatten des Kolonialismus. Ein Literaturessay über *Colonialism and Modern Social Theory*»: *WestEnd. Neue Zeitschrift für Sozialforschung* 20/1 (2023), pp. 165-179.

37. B. Herzog, «Aprender del otro. Reconocimiento y discriminación como conceptos dialógicos»: *Revista Internacional de Sociología* 83 (2025)

hecho, el reconocimiento de cualidades y capacidades está ligado en su obra tardía, como hemos visto en el capítulo anterior, al mercado laboral de las sociedades liberales. «Cuando un grupo reconoce lo distintivo de la identidad de otro o estima su contribución a los objetivos sociales», dicen Burns y Thompson, «tales evaluaciones sólo tienen sentido sobre el trasfondo de un conjunto de valores compartidos»[38]. Si asumimos que sólo las sociedades particulares, pero no el mundo entendido como sociedad global, disponen de estos valores compartidos, entonces es claro que las posibilidades de incluir la dimensión global en la teoría de Honneth, exploradas en el apartado anterior, se resumen en el intento de añadir esta dimensión a una teoría ya construida, dejando intacto el fundamento de la construcción teórica misma. No obstante, hemos visto que esta construcción depende de suposiciones sobre la modernidad occidental y de un procedimiento metodológico muy particular que, aun ofreciendo elementos sugerentes para la elaboración de una teoría de la justicia supranacional que vaya más allá del paradigma redistributivo, no puede de ninguna forma extrapolarse sin más al terreno global.

38. T. Burns y S. Thompson (eds.), *Global Justice and the Politics of recognition*, cit.

A MODO DE CONCLUSIÓN

La tesis de la individuación por socialización puede resumirse de forma sencilla: a la hora de constituir su identidad, el sujeto depende estructuralmente de relaciones intersubjetivas en entornos progresivamente diferenciados. La realización del sí-mismo no puede emprenderse, a diferencia de lo que supone la antropología liberal, de forma aislada o introspectiva, sino que la individualidad se forma en relaciones de reconocimiento que acontecen en diversas esferas sociales como la familia, el mercado laboral, las asociaciones políticas o la amistad. Este hecho pone al sujeto ante una situación ciertamente comprometida. El carácter constitutivamente social de la identidad individual significa, por de pronto, que el sujeto es también y ante todo constitutivamente vulnerable, pues está expuesto permanentemente a una necesidad de reconocimiento recíproco de cuyo éxito no siempre puede estar cierto.

Esta tesis está respaldada por una venerable historia en el pensamiento filosófico occidental[1]. En un espíritu

---

1. Para esta historia véase J. Habermas, «Individuación por vía de socialización», en Íd., *Pensamiento postmetafísico*, Taurus, Madrid, 1990, pp. 188-239. Para la panorámica de la idea de reconocimiento que desa-

ciertamente crítico, Rousseau había empleado la idea de «amor propio» para definir la forma específica en que el sujeto se relaciona consigo mismo una vez abandonado el delicioso estado de naturaleza: mientras que en este presunto estadio primitivo de la cultura el sujeto se mira a sí mismo «como el único espectador que le observa», lo cual impide el surgimiento de vicios como el odio o la envidia, en la sociedad civil configura su propia autocomprensión en relaciones de reconocimiento con sus compañeros de interacción.

Dentro del pensamiento francés, esta concepción negativa del reconocimiento es retomada en la segunda mitad del siglo XX por Jean Paul Sartre. De acuerdo con su análisis fenomenológico y existencialista, en su encuentro con el otro, el sujeto se sabe repentinamente observado y experimenta una pérdida de libertad, pues la mirada ajena le otorga determinadas cualidades que limitan su existencia como proyecto abierto a un sinfín de posibilidades. Posteriormente, figuras como Louis Althusser o Judith Butler han ofrecido argumentos convincentes para sospechar de los dispositivos de reconocimiento social. Según el primero, existe en la sociedad moderna una serie de «aparatos ideológicos del Estado» que, como la escuela, prefiguran en los sujetos el tipo de actitud que ha de ser observada para garantizar el buen funcionamiento social. Es en este tipo de relación donde se da lo que Althusser denomina «función ideológica del reconocimiento». Por su parte, también Butler considera que el reconocimiento puede conducir a la reproducción ideológica del orden social establecido, si bien su crítica opera sobre el trasfondo de la

<hr />

rrollo a continuación sigo la reconstrucción que Honneth ofrece en A. Honneth, *Reconocimiento. Una historia de las ideas europea*, Akal, Madrid, 2019.

disputa en torno al sexo, el género y la performatividad. Butler diferencia entre «reconocimiento» y «reconocibilidad», entendiendo por este último término las condiciones generales que preparan a un sujeto para ser reconocido. El desafío de la idea del reconocimiento reside a su juicio en que estas condiciones de la reconocibilidad son tales, que determinados individuos o grupos sociales no aparecen siquiera dentro del conjunto de potenciales sujetos de reconocimiento. El reconocimiento puede operar también, por lo demás, como una forma de normalización, es decir, como una suerte de dispositivo disciplinario para la asignación de identidades rígidas y opresivas[2].

En un espíritu diferente, Fichte había operado el tránsito que va desde el yo trascendental puesto en juego por Kant hasta un yo capaz de acceder a sí mismo sólo en la medida en que se observa en la expectativa de una segunda persona. Basándose en este modelo, Hegel hará más tarde de la noción de reconocimiento la piedra de toque de la constitución de la conciencia. La construcción de una identidad cada vez más madura la explica Hegel recurriendo a la idea de una consecución de grados progresivamente más elevados de reconocimiento recíproco, idea que toma finalmente la forma de una sucesión de etapas de conflictos y reconciliaciones. Esta fecunda intuición será aprovechada más tarde por Mead. Inmerso ya en el paradigma lingüístico, Mead mostrará cómo el sujeto solamente puede entenderse a sí mismo *como* alter ego *de otro* ego, es decir, como

2. Para lo anterior, véase J. P. Sartre, *El ser y la nada*, Losada, Buenos Aires, 2004; J. Butler, «Recognition and the social bond. A response to Axel Honneth», en H. Ikäheimo, K. Lepold y T. Stahl, *Recognition and Ambivalence*, Columbia University Press, Nueva York, 2021; L. Althusser, *Sobre la reproducción*, Akal, Madrid, 2015.

la segunda persona de una segunda persona con la que interactúa simbólicamente. Ciertamente, Mead extraerá de este fundamental hallazgo consecuencias decisivas para la teoría moral, sobre todo con su noción de un «otro generalizado» desde el cual el sujeto adopta la perspectiva de las normas de la comunidad en que de hecho vive. Siguiendo esta línea de pensamiento, Habermas tratará finalmente de complementar la idea de un «yo» (*me*) como conjunto de normas migradas al interior de la conciencia con la idea de un «yo» (*I*) capaz de pronunciarse sobre la validez o invalidez de ese conjunto de normas basándose en la proyección de una situación ideal de habla enraizada ya en la propia estructura del lenguaje.

Cada uno de los eslabones de esta cadena, a los que podrían sumarse otros de indudable relevancia como los representados en las filosofías de Charles Taylor o Paul Ricoeur, constituye un episodio decisivo en la historia de la filosofía moderna y contemporánea. No obstante, ha sido solamente Honneth quien ha logrado ofrecer una teoría social y moral sistemáticamente articulada en torno a la tesis filosófica de la individuación por socialización. Una vez descubierto lo que Honneth ha llamado el «eslabón psíquico intermedio» que conduce del sufrimiento a la acción, esta acción, es decir, la lucha social, puede comprenderse atendiendo a los sentimientos morales de humillación y desprecio que en cada caso la motivan. Tales sentimientos, que más tarde pueden ser articulados como vivencias de todo un grupo menoscabado en su autocomprensión, nos dan una pista de que la sociedad ha defraudado las expectativas del sujeto o del grupo social en algún sentido normativamente relevante. Lo que los sujetos esperan de la sociedad es, ante todo, el reconocimiento social de su identidad personal.

La fecundidad analítica de este modelo es muy evidente a la luz de fenómenos hoy apremiantes como la transformación digital de la interacción social, la violencia contra las mujeres, la injusticia epistémica, la aparición de nuevas formas de precariedad laboral —y sus respectivas carencias de valoración social—, la invisibilización de minorías o las relaciones neocoloniales en el plano de la (in)justicia global. En todos estos casos, la necesidad de un yo sólido, dispuesto a emprender la lucha por el reconocimiento a fin de procurarse una autorrelación práctica lograda, es tan urgente como antipática al aire posmoderno de los tiempos es su reivindicación filosófica. Debemos a Honneth el haber puesto a disposición de la teoría crítica un aparato conceptual capaz de explicar la gramática moral subyacente a esta incierta conformación del yo —sin abandonar, digamos, la segura senda que nos ofrece hoy el pensamiento posmetafísico—.

BIBLIOGRAFÍA

1. *Obras de Axel Honneth citadas*

Enumero a continuación, ordenadas cronológicamente por su publicación original en alemán, las obras de Honneth que han sido utilizadas, y añado entre corchetes la referencia a la traducción en castellano (en caso de que la hubiera).

Honneth, A. y Joas, H. (1980), *Soziales Handeln und menschliche Natur. Anthropologische Grundlagen der Sozialwissenschaft*, Campus, Fráncfort d. M.

Honneth, A. (1989), «Moralische Entwicklung und sozialer Kampf. Sozialphilosophische Lehren aus dem Frühwerk Hegels», en Th. McCarthy *et al.* (eds.), *Zwischenbetrachtungen. Im Prozess der Aufklärung*, Suhrkamp, Fráncfort d. M., pp. 549-573 [«Desarrollo moral y lucha social. Enseñanzas de filosofía social de la obra temprana de Hegel», en A. Honneth, *Crítica del agravio moral*, FCE, Buenos Aires, 2009, pp. 197-224].

— (1989), *Kritik der Macht*, Suhrkamp, Fráncfort d. M. [A. Honneth, *Crítica del poder*, Antonio Machado, Madrid, 2009].

— (1990), «Foucault und Adorno. Zwei Formen einer Kritik der Moderne», en Íd., *Die zerrissene Welt des Sozialen*, Suhrkamp, Fráncfort d. M., pp. 73-92 [«Foucault y Adorno. Dos formas de una crítica a la modernidad», en A. Honneth, *Crítica del agravio moral*, FCE, Buenos Aires, 2009, pp. 125-149].

— (1990), «Moralbewußtsein und soziale Klassenherrschaft», en Íd., *Die zerrissene Welt des Sozialen*, Suhrkamp, Fráncfort d. M., pp. 182-201 [«Conciencia moral y dominio social de clases», en A. Honneth, *La sociedad del desprecio*, Trotta, Madrid, 2011, pp. 55-73].

— (1992), *Kampf um Anerkennung*, Suhrkamp, Fráncfort d. M. [A. Honneth, *La lucha por el reconocimiento*, Crítica, Barcelona, 2007].

— (1994), «Die soziale Dynamik von Missachtung. Zur Ortsbestimmung einer kritischen Gesellschaftstheorie»: *Leviathan. Zeitschrift für Sozialwissenschaft* 22/1, pp. 78-93 [A. Honneth, «La dinámica social del desprecio: hacia una ubicación de una Teoría Crítica de la sociedad», en Íd., *La sociedad del desprecio*, Trotta, Madrid, 2011, pp. 127-145].

— (1994), *Desintegration. Bruchstücke einer soziologischen Zeitdiagnose*, Fischer, Fráncfort d. M., 1994.

— (1994), «Universalismus als moralische Falle? Bedingungen und Grenzen einer Politik der Menschenrechte»: *Merkur* 546, pp. 867-883.

— (2000), «Das Andere der Gerechtigkeit. Habermas und die Herausforderung der poststrukturahstischen Ethik», en Íd., *Das Andere der Gerechtigkeit*, Suhrkamp, Fráncfort d. M., pp. 133-170 [«Lo otro de la justicia. Habermas y el desafío ético del posmodernismo», en A. Honneth, *Crítica del agravio moral*, FCE, Buenos Aires, 2009, pp. 151-195].

— (2000), «Pathologien des Sozialen: die Aufgaben der Sozialphilosophie», en Íd., *Das Andere der Gerechtigkeit*, Suhrkamp, Fráncfort d. M., pp. 11-69 [«Patologías de lo social: tradición y actualidad de la filosofía social», en A. Honneth, *La sociedad del desprecio*, Trotta, Madrid, 2011, pp. 75-126].

— (2000), «Über die Möglichkeit einer erschliessenden Kritik», en Íd., *Das Andere der Gerechtigkeit*, Suhrkamp, Fráncfort d. M., pp. 70-87 [«Sobre la posibilidad de una crítica alumbrante», en A. Honneth, *La sociedad del desprecio*, Trotta, Madrid, 2011, pp. 147-163].

— (2003), «Umverteilung als Anerkennung. Eine Erwiderung auf Nancy Fraser», en N. Fraser y A. Honneth,

Umverteilung oder Anerkennung?, Suhrkamp, Fráncfort d. M. [«Redistribución como reconocimiento: respuesta a Nancy Fraser», en N. Fraser y A. Honneth, *¿Redistribución o reconocimiento?*, Morata, Madrid, 2006].

— (2003), «Unsichtbarkeit. Über die moralische Epistemologie von 'Anerkennung'», en Íd., *Unsichtbarkeit. Stationen einer Theorie der Intersubjektivität*, Suhrkamp, Fráncfort d. M., pp. 10-27 [«Invisibilidad. Sobre la epistemología moral del reconocimiento», en A. Honneth, *La sociedad del desprecio*, Trotta, Madrid, 2011].

— (2005), «Entrevista», en F. Cortés, «Reconocimiento y justicia. Entrevista con Axel Honneth»: *Estudios políticos*, pp. 9-27.

— (2005), *Verdinglichung. Eine anerkennungstheoretische Studie*, Suhrkamp Fráncfort d. M. [A. Honneth, *Reificación. Un estudio en la teoría del reconocimiento*, Katz, Buenos Aires, 2007].

— (2007), «Eine Physiognomie der kapitalistischen Lebensform», en Íd., *Pathologien der Vernunft*, Suhrkamp, Fráncfort d. M., pp. 70-92 [«Una fisonomía de la forma de vida capitalista. Bosquejo de la teoría social de Adorno», en A. Honneth, *Patologías de la razón*, Katz, Buenos Aires, 2009, pp. 65-84].

— (2007), «Eine soziale Pathologie der Vernunft», en Íd., *Pathologien der Vernunft*, Suhrkamp, Fráncfort d. M., pp. 20-56 [«Una patología social de la razón. Sobre el legado intelectual de la Teoría Crítica», en A. Honneth, *Patologías de la razón*, Katz, Buenos Aires, 2009, pp. 27-51].

— (2007), «Rekonstruktive Gesellschaftskritik unter genealogischem Vorbehalt», en Íd., *Pathologien der Vernunft*, Suhrkamp, Fráncfort d. M., pp. 57-69 [«Crítica reconstructiva de la sociedad con salvedad genealógica», en A. Honneth, *Patologías de la razón*, Katz, Buenos Aires, 2009, pp. 53-63].

— (2009), *Anerkennung und Missachtung. Zur normativen Begründung einer Gesellschaftstheorie*, Suhrkamp, Fráncfort d. M. [*Reconocimiento y menosprecio: sobre la fundamentación normativa de una teoría social*, Centro de Cultura Contemporánea, Barcelona, 2010].

— (2010), «Zwischen Aristoteles und Kant. Skizze einer Moral der Anerkennung», en Íd., A. *Das Andere der Gerechtigkeit*, Suhrkamp, Fráncfort d. M., 2000, pp. 171-191 [«Entre Aristóteles y Kant. Esbozo de una moral del reconocimiento», en A. Honneth, *Crítica del agravio moral*, FCE, Buenos Aires, 2009, pp. 307-332].

— (2010), «Anerkennung zwischen Staaten. Zum moralischen Untergrund zwischenstaatlicher Beziehungen», en Íd., *Das Ich im Wir. Studien zur Anerkennunstheorie*, Suhrkamp, Berlín, pp. 181-201.

— (2011), *Das Recht der Freiheit*, Suhrkamp, Fráncfort d. M. [*El derecho de la libertad*, Katz, Madrid, 2014].

— (2011), *Leiden an Unbestimmtheit. Eine Reaktualisierung der Hegelschen Rechtsphilosophie*, Reclam, Stuttgart.

— (2015), *Die Idee des Sozialismus*, Suhrkamp, Berlín [*La idea del socialismo*, Katz, Buenos Aires, 2017].

— (2018), *Anerkennung. Eine europäische Ideengeschichte*, Suhrkamp, Berlín [*Reconocimiento. Una historia de las ideas europea*, Akal, Madrid, 2019].

— (2023), «Der lange Schatten des Kolonialismus. Ein Literaturessay über *Colonialism and Modern Social Theory*»: WestEnd. *Neue Zeitschrift für Sozialforschung* 20/1, pp. 165-179.

— (2023), *Der arbeitende Souverän*, Suhrkamp, Berlín.

2. *Otra bibliografía citada*

Adorno, Th. W., «La crítica de la cultura y de la sociedad», en Íd., *Prismas*, Ariel, Barcelona, 1962.

—, *Actualidad de la filosofía*, Paidós, Barcelona, 1991.

—, *Minima Moralia*, en *Obra completa* 4, Akal, Madrid, 2004.

Adorno, Th. W. y M. Horkheimer, *Dialéctica de la Ilustración*, Trotta, Madrid, [10]2018.

Allen, A., *The end of progress*, Columbia University Press, Nueva York, 2017.

Althusser, L., *Sobre la reproducción*, Akal, Madrid, 2015.

Benhabib, S., *El ser y el otro: feminismo, comunitarismo y posmodernismo*, Gedisa, Barcelona, 2006.

Bhambra, G. K. y J. Holmwood, *Colonialism and modern social theory*, Polity, Londres, 2021.

Bourdieu, P., *La miseria del mundo*, Akal, Madrid, 1999.

Brink, B. van den y D. Owen (eds.), *Recognition and Power: Axel Honneth and the Tradition of Critical Social Theory*, Cambridge University Press, Nueva York, 2007.

Burns, T. y S. Thompson (eds.), *Global Justice and the Politics of recognition*, Palgrave Macmillan, Londres, 2013.

Butler, J., «Recognition and the social bond. A response to Axel Honneth», en H. Ikäheimo, K. Lepold y T. Stahl, *Recognition and Ambivalence*, Columbia University Press, Nueva York, 2021.

Castro-Gómez, S., «¿Qué hacer con los universalismos occidentales? Observaciones en torno al 'giro decolonial'» *Analecta Política* 7/13 (2007), pp. 249-272.

Casuso, G., «Crítica social, disonancia y progreso: una aproximación socioepistémica», en Id. (ed.), *Filosofía y cambio social*, Fondo Editorial PUCP, Lima, 2022.

Celikates, R., «From Critical Social Theory to a Social Theory of Critique: On the Critique of Ideology after the Pragmatic Turn»: *Constellations* 13/1 (2006), pp. 21-40.

Christ, J. *et al.* (eds.), *Debating Critical Theory: Engagements with Axel Honneth*, Rowman & Littlefield, Londres, 2020.

Clavero, S., *La teoría del reconocimiento de Axel Honneth*, CIS, Madrid, 2024.

Cohen, G., *La teoría de la historia de Karl Marx. Una defensa*, Siglo XXI, Madrid, 1986.

Collins, R., *Sociología de las filosofías: una teoría global del cambio intelectual*, Hacer, Barcelona, 2009.

Condorcet, N., *Los progresos del espíritu humano*, Laetoli, Pamplona, 2024.

Conill, J., *Horizontes de economía ética: Aristóteles, Adam Smith, Amartya Sen*, Tecnos, Madrid, 2013.

Constant, B., «De la libertad de los antiguos, comparada con la de los modernos», en Íd., *Escritos políticos*, Centro de Estudios Constitucionales, Madrid, 1989.

Cortina, A., *Crítica y utopía. La escuela de Fráncfort*, Cincel, Madrid, 1985.

—, *Ética cosmopolita*, Paidós, Barcelona, 2021.

Deranty, J.-Ph., «Honneth, Axel (1949-)», en *Bloomsbury Encyclopedia of Philosophers*, 2019.

Fanon, F., *Los condenados de la tierra*, Txalaparta, Pamplona, 1999.

Fascioli, A., *Honneth frente a Habermas: confrontaciones sobre la renovación de la Teoría Crítica*, tesis doctoral, Universidad de Valencia, Valencia, 2013.

Federici, S., *El patriarcado del salario*, Traficantes de Sueños, Madrid, 2018.

Forst, R., *Kontexte der Gerechtigkeit: Politische Philosophie jenseits von Liberalismus und Kommunitarismus*, Suhrkamp, Fráncfort d. M., 1996.

Fortunati, L., *El arcano de la reproducción*, Traficantes de Sueños, Madrid, 2023.

Foucault, M., *Vigilar y castigar*, Siglo XXI, Madrid, 2013.

—, *El orden del discurso*, Austral, Barcelona, 2022.

Fraser, N., «La justicia social en la era de la política de la identidad: redistribución, reconocimiento y participación», en N. Fraser y A. Honneth, *¿Redistribución o reconocimiento?*, Morata, Madrid, 2006.

—, «La política feminista en la era del reconocimiento: una aproximación bidimensional a la justicia de género», en Íd., *Fortunas del feminismo*, Traficantes de Sueños, Madrid, 2015, cap. 6.

Freyenhagen, F., «Honneth on Social Pathologies: a Critique»: *Critical Horizons* 16/2 (2015), pp. 131-152.

García-Granero, M. y C. Ortega-Esquembre, «¿Teoría crítica o inmunización del sistema?»: *Tópicos* 56 (2019), pp. 311-338.

Gilligan, C., *In a different voice: psychological theory and women's development*, Harvard University Press, Cambridge (MA), 2003.

Gómez, V., «La Teoría Crítica en España. Aspectos de una recepción»: *Constelaciones. Revista de Teoría Crítica* 1 (2009).

Habermas, J., *Conocimiento e interés*, Taurus, Madrid, 1989.

—, *El discurso filosófico de la modernidad*, Taurus, Madrid, 1989.

—, «Individuación por vía de socialización», en Íd., *Pensamiento postmetafísico*, Taurus, Madrid, 1990, pp. 188-239.

—, *La reconstrucción del materialismo histórico*, Taurus, Madrid, 1992.

—, «La crisis del Estado del bienestar y el agotamiento de las energías utópicas», en Íd., *Ensayos políticos*, Península, Barcelona, 1997, pp. 113-134.

—, *Historia y crítica de la opinión pública*, Gustavo Gili, Barcelona, 2002.

—, *Teoría y praxis*, Tecnos, Madrid, 2002.

—, «Ciencia y técnica como ideología», en Íd., *Ciencia y técnica como «ideología»*, Tecnos, Madrid, 2010, pp. 53-112.

—, *Facticidad y validez*, Trotta, Madrid, ⁶2010.

—, «Trabajo e interacción», en Íd., *Ciencia y técnica como ideología*, Tecnos, Madrid, 2010, pp. 11-51.

—, «Justicia y solidaridad. Acerca del debate sobre el 'nivel 6'», en Íd., *Aclaraciones a la ética del discurso*, Madrid, Trotta, ²2018, pp. 55-82.

—, «Lawrence Kohlberg y el neoaristotelismo», en Íd., *Aclaraciones a la ética del discurso*, Trotta, Madrid, ²2018, pp. 83-108.

—, *Teoría de la acción comunicativa*, Trotta, Madrid, ²2018.

—, «El proyecto kantiano y el horizonte escindido», en Íd., *El Occidente escindido*, Trotta, Madrid, ³2024, pp. 113-188.

—, *Un nuevo cambio estructural de la esfera pública y la política deliberativa*, Trotta, Madrid, 2025.

Hegel, G. W. F., *Líneas fundamentales de la filosofía del derecho*, Trotta, Madrid, 2025.

Heins, V., «Of persons and peoples: Internationalizing the critical theory of recognition»: *Contemporary Political Theory* 9/2 (2010), pp. 149-170.

Herzog, B., «La teoría del reconocimiento como teoría crítica del capitalismo: propuestas para un programa de investigación»: *Constelaciones* 5 (2013), pp. 311-335.

—, «La crítica inmanente en la obra de A. Honneth», en J. A. Nicolás, S. Wahnón y J. M. Romero (eds.), *Crítica y hermenéutica. Perspectivas filosóficas, literarias y sociales*, Comares, Granada, 2020, pp. 205-214.

—, *Invisibilization of Suffering. The Moral Grammar of Disrespect*, Palgrave Macmillan, Londres, 2020.

—, «Aprender del otro. Reconocimiento y discriminación como conceptos dialógicos»: *Revista Internacional de Sociología* 83 (2025).

Herzog, B. y Ortega-Esquembre, C., «El reconocimiento de la justicia global — la justicia global del reconocimiento»: *Isegoría* 71 (2024).

Horkheimer, M., «Die gegenwärtige Lage der Sozialphilosophie und die Aufgaben eines Instituts für Sozialforschung», en Íd., *Sozialphilosophische Studien. Aufsätze, Reden und Vorträge 1930-1972*, Fischer, Fráncfort d. M., 1981, pp. 33-46.

—, *Anhelo de justicia*, Trotta, Madrid, 2000.

—, *Sociedad, razón y libertad*, Trotta, Madrid, 2005.

—, «Teoría tradicional y teoría crítica», en Íd., *Teoría Crítica*, Amorrortu, Buenos Aires, 2008.

Ibsen, M. F., *A critical theory of global justice: the Frankfurt School and world society*, Oxford University Press, Oxford, 2023.

Jaeggi, R., *Entfremdung — Zur Aktualität eines sozialphilosophischen Problems*, Campus, Fráncfort d. M., 2005.

—, *Fortschritt und Regression*, Suhrkamp, Berlín, 2023.

Jaeggi, R. y T. Wesche (coords.), *Was ist Kritik?*, Suhrkamp, Fráncfort d. M., 2009.

Kant, I., *Fundamentación de la metafísica de las costumbres*, Encuentro, Madrid, 2009.

—, *La paz perpetua*, Tecnos, Madrid, 2013.

Kohlberg, L., «La formulación actual de la teoría», en Íd., *Psicología del desarrollo moral*, Desclée de Brouwer, Bilbao, 1992.

Lamo de Espinosa, E., *La teoría de la cosificación. De Marx a la Escuela de Fráncfort*, Alianza, Madrid, 1981.

Leipold, B., *Citizen Marx*, Princeton University Press, 2024.

Lessenich, S., *La sociedad de la externalización*, Herder, Barcelona, 2019.

—, *Límites de la democracia*, Herder, Barcelona, 2022.

Lukács, G., *Historia y conciencia de clase*, Grijalbo, México, 1969.

Lyotard, J. F., *La condición postmoderna*, Cátedra, Madrid, 2006.

MacIntyre, A., *Tras la virtud*, Crítica, Barcelona, 2001.

Maiso, J., *Desde la vida dañada. La actualidad de la teoría crítica de Theodor W. Adorno*, Siglo XXI, Madrid, 2022.

Marcuse, H., *El final de la utopía*, Ariel, Barcelona, 1968.

—, *Eros y civilización*, Seix Barral, Barcelona, 1968.

—, *El hombre unidimensional*, Planeta, Barcelona, 1985.

Mardones, J. M., *Dialéctica y sociedad irracional. La Teoría Crítica de la Sociedad de M. Horkheimer*, Universidad de Deusto, Bilbao, 1979.

Marx, K., *Contribución a la crítica de la economía política*, Alberto Corazón, Madrid, 1970.

—, *El capital*, libro I, vol. 1, Siglo XXI, Madrid, 1978.

—, *Manuscritos: economía y filosofía*, Alianza, Madrid, 1984.

—, *Introducción a la crítica de la filosofía del derecho de Hegel*, Pre-Textos, Valencia, 2013.

Mead, G. H., *Espíritu, persona y sociedad*, Paidós, Buenos Aires, 1968.

Miller, D., *Filosofía política: una breve introducción*, Alianza, Madrid, 2011.

Mora, J., *¿Igualdad para qué? Una propuesta de igualitarismo pluralista para el siglo XXI*, Dykinson, Madrid, 2022.

Moreno Pestaña, J. L. y J. M. Romero Cuevas (coords.), *Recuperar el socialismo. Un debate con Axel Honneth*, Akal, Madrid, 2022.

Nagel, Th., «The Problem of Global Justice»: *Philosophy and Public Affairs* 33/2 (2005), pp. 113-147.

Neuhouser, F., *Foundations of Hegel's Social Theory. Actualizing Freedom*, Harvard University Press, Cambridge (MA), 2000.

—, *Rousseau's Theodicy of Self-Love*, Oxford University Press, Nueva York, 2008.

—, «Rousseau und die Idee einer 'pathologischen' Gesellschaft»: *Politische Vierteljahresschrift* 53/4 (2012), pp. 628-645.

—, «Nietzsche on Spiritual Illness and Its Promise»: *Journal of Nietzsche Studies* 45/3 (2014), pp. 293-314.

—, *Diagnosing Social Pathology: Rousseau, Hegel, Marx, and Durkheim*, Cambridge University Press, Cambridge, 2022.

Nietzsche, F., *De la genealogía de la moral*, en *Obras completas* IV, Tecnos, Madrid, 2016, pp. 453-560.

Nussbaum, M., «Patriotismo y cosmopolitismo», en Íd. *et al.*, *Los límites del patriotismo*, Paidós, Barcelona, 1999, pp. 13-29.

—, *La tradición cosmopolita*, Paidós, Barcelona, 2020.

Nussbaum, M., S. Bok, A. Gutmann y Ch. Taylor, *Los límites del patriotismo*, Paidós, Barcelona, 1999.

Olin-Wright, E., *Cómo ser anticapitalista en el siglo XXI*, Akal, Madrid, 2020.

Ortega-Esquembre, C., *Habermas ante el siglo XXI*, Tecnos, Madrid, 2021.

—, «¿Anticipación contrafáctica o reconstrucción histórica del canon normativo? Tránsitos en la teoría crítica de Axel Honneth»: *Ideas y Valores* 71/179 (2022), pp. 181-204.

—, «¿Qué cuenta como un progreso? Axel Honneth ante el problema de la normatividad en la Teoría Crítica», en J. L. Moreno y J. M. Romero (coords.), *Recuperar el socialismo. Un debate con Axel Honneth*, Akal, Madrid, 2022, pp. 53-77.

Pereira, G., «Condiciones de posibilidad para una justicia global»: *Isegoría* 30 (2014), pp. 107-126.

Petherbridge, D. (ed.), *Axel Honneth: Critical Essays: With a Reply by Axel Honneth*, Brill, Leiden, 2011.

Pilapil, R. D., «Beyond Redistribution: Honneth, Recognition Tehory and Global Justice»: *Critical Horizons* 21/1 (2020), pp. 34-48.

Pogge, Th., *World Poverty and Human Rights: Cosmopolitan Responsabilities and Reforms*, Polity, Londres, 2002.

Quijano, A., «Colonialidad del poder, eurocentrismo y América Latina», en E. Lander (comp.), *La colonialidad del saber: eurocentrismo y ciencias sociales. Perspectivas latinoamericanas*, CLACSO, Buenos Aires, 2000.

Rawls, J., *The Law of Peoples*, Harvard University Press, Cambridge (MA), 2001.

—, *El liberalismo político*, Crítica, Barcelona, 2003.

—, *Teoría de la justicia*, FCE, México, 2011.

Renault, E., *Sofriments socials*, Institució Alfons el Magnànim, Valencia, 2022.

Ritter, J., «Hegel und die französische Revolution», en Íd., *Metaphysik und Politik*, Suhrkamp, Fráncfort d. M., 1988.

Romero Cuevas, J. M., *Crítica e historicidad*, Herder, Barcelona, 2010.

—, «Entre hermenéutica y teoría de sistemas. Una discusión epistemológico-política con la teoría social de J. Habermas»: *Isegoría* 44 (2011), pp. 139-159.

—, «Sobre la pretensión de trascendencia de la crítica inmanente»: *Diálogo filosófico* 85 (2013), pp. 55-76.

—, «Trascendencia intrahistórica. Los fundamentos históricos de la crítica inmanente», en J. A. Nicolás *et al.* (eds.), *Crítica y hermenéutica. Perspectivas filosóficas, literarias y sociales*, Comares, Granada, 2020.

—, «La recepción de la Teoría Crítica en España: una lectura en clave política»: *Isegoría* 69 (2023), pp. 1-11.

—, «¿Malos tiempos para la Teoría crítica?»: *Fragmentos de Filosofía* 21 (2024), pp. 8-19.

Rosa, H., *Beschleunigung*, Suhrkamp, Fráncfort d. M., 2005.

—, *Aceleración y alienación*, Katz, Buenos Aires, 2016.

Rousseau, J. J., *Discurso sobre las ciencias y las artes. Discurso sobre el origen de la desigualdad entre los hombres*, Alianza, Madrid, 2012.

Saar, M., *Genealogie als Kritik*, Campus, Fráncfort d. M., 2007.

Sachs, J., *El fin de la pobreza*, Debate, Barcelona, 2005.

Sandel, M., *El liberalismo y los límites de la justicia*, Gedisa, Barcelona, 2015.

Santiago, E. y H. Tejero, *¿Qué hacer en caso de incendio?*, Capitán Swing, Madrid, 2019.

Sartre, J. P., *El ser y la nada*, Losada, Buenos Aires, 2004.

Sen, A., *Sobre ética y economía*, Alianza, Madrid, 1989.

Serrano-Zamora, J., «Articulating the social: Expressive domination and Dewey's epistemic argument for democracy»: *Philosophy & Social Criticism* 48/10 (2022), pp. 1445-1463.

Sevilla, S., «La hermenéutica materialista»: *Quaderns de filososfia i ciencia* 35 (2005), pp. 79-91.

—, «La recepción en España de la Teoría Crítica»: *Δαι᾽μων. Revista Internacional de Filosofía* 50 (2010), pp. 157-167.

Tan, K., *Justice without Borders*, Cambridge University Press, Cambridge (MA), 2004.

Taylor, Ch., *Fuentes del yo*, Paidós, Barcelona, 1996.

—, *El multiculturalismo y «la política del reconocimiento»*, FCE, México, 2002.

Thompson, S., «Recognition Beyond the State», en T. Burns y S. Thompson (eds.), *Global Justice and the Politics of Recognition*, Palgrave Macmillan, Londres, 2013, pp. 88-107.

Todorov, T., *El espíritu de la Ilustración*, Galaxia Gutenberg, Barcelona, 2014.

Ureña, E. M., *La teoría crítica de la sociedad de Habermas*, Tecnos, Madrid, 1978.

Van Hooft, S., «Cosmopolitanism, Identity and Recognition»: *The International Journal of the Humanities: Annual Review* 6/6 (2008), pp. 121-128.

Vidal, V., *Esto no tiene sentido. La interpretación materialista del arte*, Publicaciones de la Universidad de Valencia, Valencia, 2021.

—, «Honneth y Adorno ante la patología: crítica que abre mundo o interpretación materialista de las obras de arte»: *Quaderns de Filosofia* 11 (2024), pp. 69–84.

Walzer, M., *Interpretation and Social Criticism*, Harvard University Press, Cambridge (MA), 1993.

Wellmer, A., *Teoría crítica de la sociedad y positivismo*, Ariel, Barcelona, 1979.

—, *Ética y diálogo*, Anthropos, Barcelona, 1996.

Wiggershaus, R., *Die Frankfurter Schule. Geschichte. Theoretische Entwicklung. Politische Bedeutung*, dtv, Múnich, 1986.

Zamora, J. A., *Th. W. Adorno. Pensar contra la barbarie*, Trotta, Madrid, 2004.

Zurn, Ch., «Social pathologies as second-order disorders», en D. Petherbridge (ed.), *Axel Honneth: Critical Essays*, Brill, Leiden, 2011.

—, *Axel Honneth*, Polity, Londres, 2015.

ÍNDICE